ERICH KÄSTNER

VERLOBUNG AUF DEM SEIL

Vom Heiraten und sonstigen Schwierigkeiten

Herausgegeben von Sylvia List

Atrium Verlag · Zürich

Erstausgabe
1. Auflage 2017
© by Atrium Verlag AG, Zürich 2017
© by Thomas Kästner: Heiraten oder nicht heiraten – das ist heut die Frage!, Die Verlobungs-
jagd, Karl der Faule, Das verfahrene Leben oder Die Abschiedskussine, Aber das hat seine Schwierigkeiten, Hochzeitmachen, Die minderjährige Ehe, Der kurze Besuch, Über Ehe, Häuslichkeit
und Frauen, Das Trauerspiel am Nebentisch, Das Fräulein aus der Fremde, Lob der dritten Ehe,
Zweimal Hochzeit, Sebastian ohne Pointe, Ich will einen Mann, Nimm an, ich wäre deine Frau,
Sehnsucht 2708, Eheanbahnung 1947

Umschlagillustration: Christoph Niemann, 2017
Satz: Greiner & Reichel, Köln
Druck und Bindung: GGP Media GmbH, Pößneck
Printed in Germany
ISBN 978-3-85535-015-5

www.atrium-verlag.de

Inhalt

Heiraten oder nicht heiraten –
das ist heut die Frage!

Gewiss – Herr Strax liebt Fräulein Hoyer.
Doch schließlich rechnet er und spricht:
»Der Ehestand ist mir zu teuer.
Ich bleibe unverehelicht!«

Strax führt ein höchst bescheidnes Leben.
So recht nach Junggesellen-Art! …
Wir andern wollen Obacht geben,
wie viel er, ohne Gattin, spart. –

	Tageszeit	*Ausgaben*
Früh neun Uhr reitet er mit Grete		
geliehne Pferde durch den Park.		
Dann trinkt man Tee. Und isst Pastete.		
Summa summarum: zwanzig Mark.	*9 h früh*	*20 M*

	Tageszeit	*Ausgaben*
Zu Mittag trifft er sich mit Kläre.		
Und schenkt ihr Rosen (fünfzehn Stück!).		
Erst speisen sie im Belvedere –		
dann zieht sich Kläre bald zurück.	*1 h mittags*	*35 M*
	Übertrag:	*55 M*

Im Café sucht er neue Kräfte.
Und dort entdeckt ihn schließlich Mix.
Schleppt ihn durch Juweliergeschäfte –
doch Gott sei Dank gefällt ihr nix!   *3 h mittags*   *o M*

Er atmet auf. Da kommt Marlene.
Zwingt ihn zu einer Autofahrt.
Will Küsse. Macht ihm eine Szene.
Und sagt, er sei zu wenig zart …   *4 h nachm.*   *15 M*

Zu Abend speist er mit Reginen.
Die isst so gern, was sie nicht kennt,
und hinterher ein Pfund Pralinen!
Ihr Appetit ist eminent.   *7.30 h abends*   *20 M*

Mit Nadja hockt er im Theater
und langweilt sich, so gut er kann.
Sie tut, als wäre er ihr Vater,
und lacht den Heldenspieler an. –   *10 h abends*   *15 M*

Strax geht verärgert etwas tanzen.
Und trinkt mit Fräulein Lore Sekt.
Vier Flaschen trinken sie im Ganzen,
bis Lore ihren Freund entdeckt.   *1 h nachts*   *60 M*

    Übertrag: *165 M*

8

Strax landet in der »Stillen Klause«
und findet Leonore nett.
Zahlt Schnäpse, bringt das Kind nach Hause.
Und trollt sich heim ins eigne Bett. *2 h nachts* *10 M*

175 M

Dies ist ein Tag aus Straxens Leben.
So recht nach Junggesellen-Art.
Strax sollte ernstlich Obacht geben:
Wie viel er ohne Gattin spart!

Die Verlobungsjagd

Es war neun Uhr morgens. – In der Nacht schien Schnee gefallen zu sein. Jedenfalls versuchten die Dächer den entsprechenden Eindruck zu erwecken. Es gelang ihnen freilich nur stellenweise ... Die Straßen sahen abscheulich aus. Und die Passanten schoben die Füße durch den Schmutz, als übten sie Skilaufen.

Herr Doktor Enterlein vollführte gerade die letzte Kniebeuge, schloss dann das Schlafzimmerfenster, schlüpfte in die Pyjamajacke und schlenderte in seine Wohnstube hinüber. Im Ofen prasselte Holz. Enterlein rieb sich die Hände, goss Tee ein, suchte nach Post, fand nur die Zeitung und setzte sich, faul und gähnend, vor den Schreibtisch. Erst trommelte er mit den Fingern auf der Stuhllehne herum. Dann klapperte er, zirka eine Minute, mit dem Federhalter. Und schließlich wandte er seine ungeteilte Aufmerksamkeit dem Abreißkalender zu. Er entsann sich, dass morgen Neujahr sei. Also war heute Silvester. Im Anschluss an diese unbestreitbare Erwägung begann er die überholten Datumzettel abzurupfen, bis die Rechnung stimmte: 31. Dezember. Enterlein fiel dabei eine Notiz ins Auge. Er beugte sich träge vornüber, um lesen zu können – und sprang hoch, als habe er sich versehentlich auf eine heiße Herdplatte gesetzt ...

Das Kalenderblatt aber sah folgendermaßen aus:

31
Dezember
Schlusstermin der Wette mit Bettina (1000 Mark).
Muss unter allen Umständen gewonnen werden!

Herr Doktor Enterlein stand längere Zeit vor seinem Schreibtisch, als sei er festen Willens, blödsinnig zu werden. Sein Gesicht ließ hierüber nicht den geringsten Zweifel zu. – Dann stieß er einen Laut aus, der seinem Bildungsgrad in keiner Weise entsprach. Und zwei Minuten später lehnte er, zum Ausgehen fertig, an der Tür. Er warf noch einen Blick ins Zimmer, als nehme er auf Jahre hinaus Abschied. – Plötzlich schien er sich eines Bessern zu besinnen, stürzte zum Telefon, stellte den Anschluss her und sprach minutenlang mit irgendjemandem. Dann hängte er ab, notierte etwas, schob den Hut aus der Stirn und telefonierte von neuem. Wieder hängte er ab. Wieder machte er Notizen. Und telefonierte zum dritten Mal.

Eine volle Stunde mochte er mit diesem abwechslungsreichen Einerlei zugebracht haben, als er aufstand, Hut und Mantel ablegte, ein großes Stück weißen Papiers aus einer Mappe nahm und, unter eifriger Benutzung seiner Notizen, etwas entwarf, was einem Stundenplan verteufelt ähnlich sah. – Und zwar so:

4 h	Café »Magnet«	Melitta Stoeckel
4^{30}	Intime Bar	Ruth Gwinner
5 h	Café »Buen Retiro«	Lucie Schädlich
5^{30}	Exzelsiordiele	Katrin Perlbach

6 h	Café »Blaue Hand«	Josefine Basch
6³⁰	Prinzeß-Kasino	Ursel Bansin
7 h	Klubhaus A. S. C.	Mix Meyer
7³⁰	Café »Walfisch«	Alice Stetten

Halb vier Uhr saß Doktor Enterlein bereits im Café »Magnet« und trank Kognaks. Um vier wollte er sich mit Fräulein Melitta Stoeckel treffen. Fünf Minuten vor halb fünf kam sie denn auch. – Enterlein blickte, statt sie anzuschauen, giftig auf die Uhr, deren Zeiger weiterrückten; das Mädchen bestellte sich Kaffee und Torte, musterte ihn neugierig und schien keineswegs ohne Anteilnahme. Schließlich fragte sie ihn, was er eigentlich wolle. Er stand, statt zu antworten, auf. Zog den Mantel an. Fräulein Stoeckel war erstaunt und aß Torte. Dann sagte sie:»Du solltest ein bisschen in den Engadin fahren, Robert. Die Luft dort oben würde dir guttun. Ich kann dir in Pontresina ein ausgezeichnetes Hotel empfehlen. Es heißt … na, wie heißt es doch gleich?« Robert Enterlein knöpfte den linken Handschuh und sprach:»Melitta, willst du dich mit mir verloben?« Sie prüfte sein Gesicht und meinte, St. Moritz wäre für Gemütskranke zu lebhaft. Dann fragte sie aber doch:»Wann?« –

Er nahm den Hut vom Nagel und murmelte resigniert:»Sofort.« Darauf lachte sie. Er zuckte zusammen, hielt seine Hand hin und sagte:»Auf Wiedersehen, Kindchen!« Nun wurde sie böse; erkundigte sich, was ihm eigentlich einfalle, sie bei solchem Wetter aus dem Haus zu locken; ob er denn glaube, Verlobungen würden beim Adieusagen erledigt! Im Übrigen sei sie nicht etwa abgeneigt. Aber so schnell gehe es keinesfalls. Sie könne ja gelegentlich mal mit den

Eltern Rücksprache nehmen. Zwar gebe es da einen gewissen Herrn Haferkorn, den der Vater für sie …

Enterlein befand sich inzwischen längst auf der Straße, winkte einem Auto, rief »Intime Bar!«, stieg ein und begann, als Melitta ihren Satz beendet hatte, gerade damit, auf Ruth Gwinner zu warten …

Es hat keinen Sinn, Robert Enterleins Nachmittagsbeschäftigung länger zu verfolgen. Die anderen sieben Mädchen rieten ihm, der Reihe nach, sieben andere Erholungsreisen. Siebenmal noch wurde er für geistig leicht gestört erklärt. Siebenmal wurde sein ungestümer Drang zur Verlobung nachdrücklich unbescheiden gefunden und abgelehnt. Und noch siebenmal wurde ihm bedeutet, dass man seiner Nachfrage (allerdings bei längerer Lieferungsfrist) ein günstiges Angebot recht wohl in Aussicht stellen könne.

Vom Leid gebeugt, vom Schneetreiben durchnässt und marode kehrte Herr Doktor Enterlein gegen acht Uhr nach Hause zurück. Dort sank er in den ersten besten Stuhl und ließ den Kopf, auf dem der Hut noch saß, hängen. Was er tat und dachte, bleibt der Beschreibung unzugänglich. Denn er tat und dachte nichts. – Sein Inneres glich einem großen Theater, dessen Schauspieler nach Haus gingen, da keine Zuschauer kamen …

An den Fenstern wirbelten die Flocken vorbei, als hätten sie es eilig. Die Straßenpassanten marschierten mit schiefen Köpfen gegen den Wind und zogen die Füße aus dem Schlick, als hätten sie sich verbrannt. Hundewetter war der richtige Ausdruck …

Und dann klingelte das Telefon. Enterlein stolperte durch das dunkle Zimmer und murmelte: »Hallo.« Die Stimme am andern

Ende musste ihm bekannt sein; denn er unterdrückte einen Fluch und fragte, so harmlos als es gehen wollte: »Was ist denn los, Bettina? Waaas? – Wette zwischen uns? Das muss ein Irrtum sein! ... Allen Ernstes, ich hab keine Ahnung mehr. Worum handelte sich's denn?«

Bettina schien an dieser Stelle des Gesprächs ein ausführliches Lachen für gut zu finden; denn Enterlein fuchtelte wütend mit einem Arm in der Luft herum und sagte mild: »Beruhige dich doch, bitte, und verrate mir lieber den Gegenstand unserer Wette ... hm? ... So, so ... Ist schon möglich ... Nun, und? – Aber das ist ja Irrsinn, meine Liebe! In diesem Jahre verloben, sagst du, oder tausend Mark? ... Urkundlich festgelegt? ... oooh. – Das wird das Beste sein ... Sofort? – Ich möchte nur erst etwas essen. Vielleicht in einer halben Stunde? Schön. Auf Wiedersehen, Bettina!«

Es darf für erwiesen und glaubhaft gelten, dass Robert Enterlein nichts aß. Er hockte vielmehr zehn Minuten in ernster Arbeit am Schreibtisch; zählte das Geld in Brieftasche und Schatulle; betrachtete ironisch den letzten Bankauszug; schrieb Zahlen untereinander, die er addierte und subtrahierte, bis er einsah, dass ihm ohne Multiplikation nicht zu helfen sei, – und dann ging er aus.

Herr Doktor Enterlein hatte im Laufe des Tags achtmal auf junge Damen gewartet, die zu spät kamen. Bettina Fouqué war früher zur Stelle als er selber. – Die Begrüßung geschah herzlich. Und Enterleins rührenden Bemühungen gelang es, das Liquidationsgespräch, welches ihnen – genau genommen: ihm – bevorstand, zu verzögern. Es vergingen Stunden; die Lokale wurden gewechselt, dass es für die

Gastwirte eine Lust war – von der Wette aber wurde bis elf Uhr lediglich mit den Blicken gesprochen ... Bettina behielt (in all der Zeit und in all den Lokalen) ihre lächelnde gleichmütige Sachlichkeit bei, für die sie unter Freunden bekannt war und wie sie sich für eine Medizinerin schicken mochte. Enterlein geriet langsam und sicher in jenen Zustand, in dem man, wie behauptet wird, Blut schwitzt. Je später es wurde, umso öfter zog er seine Uhr heimlich aus der Tasche. Hoffte er ernstlich, seinem Schicksal zu entwischen?

Plötzlich fragte Bettina: »Wie spät ist's eigentlich, Robert?« Er ließ ertappt die Uhr unterm Tisch verschwinden und sagte bescheiden: »Fünf vor halb zwölf!« – »Verflixt!«, rief Bettina, »da muss ich doch schnell meinen Wettgewinn kassieren. Zahlst du bar oder per Scheck?« Robert erklärte sich außerstande, tausend Mark sofort flüssigmachen zu können. Im Übrigen dürfe die Wette gar nicht gelten, da er sie ja vergessen habe und dadurch gar nicht in der Lage gewesen wäre ... Bettina Fouqué kramte aus ihrer Tasche einen Zettel, der Enterleins Unterschrift trug. Und dann erkundigte sie sich bei ihm, welchen Zinsfuß er für angemessen halte, falls sie sich dazu herbeilasse, ihm die Schuld zu prolongieren. Enterlein zuckte die Achseln, und die Debatte wurde fortgesetzt. – Fünf Minuten vor Neujahr hatte man sich auf eine Verzinsung von fünfzehn Prozent (jährlich) geeinigt und einen Tilgungstermin anberaumt, den Enterlein einzuhalten versprach.

Während dieses merkwürdigen Schuldenabkommens war Bettina recht unruhig geworden und schien nun, wie vorher Enterlein, die Uhr für unentbehrlich zu halten ... Drei Minuten vor zwölf wurde Fräulein Fouqué rot und sagte in ungewöhnlich bescheidenem

Ton (ihre Stimme vibrierte geradezu, als gelte es, Angst zu haben):
»Robert, bist du nicht auf den Gedanken gekommen, dass du die
Wette noch immer gewinnen könntest? Auch jetzt noch?«

Herr Doktor Enterlein schüttelte den Kopf und bemerkte trübe:
»Mit wem sollte ich mich denn so schnell verloben?« Doch seine
letzten Worte klangen anders als die ersten. Es lag so etwas wie eine
unermessliche Verwunderung darin. Er blickte Bettina an. Doch sie
hatte plötzlich irgendwo irgendein Federchen am Kleid gefunden,
das sie mit größester Exaktheit und rühmlicher Ausdauer fortblies.

Schließlich schaute sie ihn doch an; ein bisschen hilflos, so, als
habe sie sich zu weinen entschlossen. Sie flüsterte: »Robert, noch
eine Minute ...«

Angemessenes Zartgefühl verbietet es, die folgende Szene zu de-
taillieren. Und statt unvornehmer Ausführlichkeit sei sofort auf
den 3. Januar verwiesen, an dem bei Stoeckels, Gwinners, Schäd-
lichs, Perlbachs, Baschs, Bansins, Meyers, Stettens und vielen andern eine Briefkarte eintraf, die einiges Aufsehen hervorrief und
bei den Töchtern der genannten Familien Empörung oder Tränen.
Oder, schlimmstenfalls, beides. –

Und auf der Briefkarte stand in Koch'scher Antiqua-Kursiv:

In der Silvesternacht verlobten sich:
Dr. med. Bettina Fouqué
Dr. ing. Robert Enterlein
Infolge einer Wette, die beide gewannen

Karl der Faule

Da er zu Besuch war, durfte er wie früher als pakettragende Begleiterscheinung der Mama wirksam werden. Sicher trug die zunehmende Last der Einkäufe dazu bei, dass seine sorglich verborgene Zerknirschung nun doch zu bemerken war. – Mit mütterlich unheimlichem Scharfsinn stellte sie die einzige Frage, vor der er mit Recht zittern konnte: sie erkundigte sich, wie lange er eigentlich früh im Bett zu liegen pflege. Oh, das sei ganz verschieden, entgegnete er. Seiner wachsenden Befangenheit nicht achtend, wiederholte sie die Frage. – Nun, einmal sei er, beispielsweise, um neun aufgestanden. (Das entsprach übrigens der Wahrheit.) – Und sonst? – Mama fragte noch etliche Male. Und das Ergebnis war beschämend.

Plötzlich standen sie in einem Uhrenladen. Die Nervosität unzähliger Pendel ließ Karl erschrecken. Sooft er die Wände ansah, schienen sie sich sturmgetrieben hin und her zu bewegen. Angstvoll schloss er die Augen. Da hörte er die Stimme der Mama: »Sagen Sie, Fräulein, führen Sie Weckuhren für Schwerhörige?«

Karl öffnete die Augen rechtzeitig genug, um dem mitleidigen Blick einer über den Ladentisch geneigten jungen Dame zu begegnen. Sie nickte der Mama seriös zu, drehte sich um und ging in Kniebeuge. Dann stellte sie eine blechern anmutende Weckuhr auf den Tisch und begann: »Diese Uhr, gnädige Frau, ist amerikanisches Fabrikat, und kann ich Ihnen diese dringend empfehlen. Selbst Taubstummenanstalten lieferten uns glänzende Gutachten. Auch leisten wir Garantie für ein Jahr. Diese Uhr besitzt die Eigenschaft, im Laufe einer halben Stunde zwanzigmal zu wecken; jedes Mal eine Minute lang; zwischen den Weckzeiten liegen Pausen von je einer halben Minute …« Karl fand, sie spräche wie ein Führer durch Residenzschlösser. Daraufhin dachte er an seine Briefmarkensammlung, so dass es ihn überraschte, als das Mädchen ein Paket an seinen letzten freien Finger hing, die Tür öffnete und von baldigem Wiedersehen sprach. »Ich schenke sie dir«, meinte die Mama auf der Straße. Karl, der das Paket zu verlieren trachtete, fragte: »Wem?«, und dachte dabei an das Fräulein mit der Kniebeuge und dem mitleidigen Blick. Es gelang ihm nicht, die Weckuhr zu verlieren …

Als er am nächsten Tag in der Universitätsstadt ankam, war es leider noch zu früh zum Mittagessen. Ohne tiefere Absicht begab er sich in die Universität, betrat irgendeinen Hörsaal, hing Hut und Mantel an ein Fensterkreuz und stellte die kleine Reisetasche und den Karton mit den Pfannkuchen neben die Tür. Sich selber setzte er in beträchtlicher Entfernung vom Katheder nieder und mühte sich, seinen Nachbar, der zufällig eine Dame war, kennenzulernen.

Der Professor, der nicht viel später kam, verbreitete sich über den Begriff des Eigentums in der Jüngeren Steinzeit. Hieraus ersah Karl, dass er versehentlich in ein juristisches Kolleg geraten war. Er begann also, seinem weiblichen Nachbar dies und jenes zu erzählen, ohne mehr als ein Stirnrunzeln zu erreichen. Er zog sich – soweit er in ihrer Nähe gewesen war – verletzt zurück und versah etliche Bogen weißen Papiers mit Namenszügen. Dies mochte ihn länger, als er geglaubt hatte, beschäftigt haben; denn plötzlich klingelte es. Karl legte seine Papiere und Bücher zusammen und schob ein Bein ungeduldig aus der Bank. Der Professor ignorierte das Klingeln, blieb weiterhin in der Jüngeren Steinzeit und fand auch für das zweite Glockenzeichen nichts als ein unmutiges Kopfschütteln. Beim dritten Läuten hielt er inne, zog seine Uhr und fragte, ob sich wohl jemand nach dem Sinn des verfrühten Klingelns erkundigen wolle. Karl erhob sich und verließ aufatmend den Saal.

Er befand sich schon auf dem Weg ins Restaurant, als ihm sein Gepäck, sein Hut und Mantel einfiel, die er im Hörsaal zurückgelassen hatte. Missmutig eilte er wieder in die Universität und kam gerade zurecht, die Reisetasche, die der Professor auf dem Katheder neugierig durchwühlte, als sein Eigentum zu beanspruchen. Unter dem Gelächter der Studenten forderte der Dozent den überraschten Karl auf, ihm sogleich zum Rektor zu folgen. Der Professor trug die Weckuhr; Karl den Mantel, den Hut, die Reisetasche und den Karton mit den Pfannkuchen.

Der Wecker hatte fünfzehnmal geklingelt. Obwohl er also in Gegenwart Seiner Magnifizenz noch fünfmal laut wurde, entkam Karl mit einem eindringlich geführten Verweis. Dem Professor schien das kaum zu genügen. Als er mit Karl wieder allein war, bemerkte er (während er den Wecker zurückgab): »Ihr Verhalten, Herr Kommilitone, lässt auf Ihre Fähigkeiten solche Rückschlüsse zu, dass ich Sie zu größtem Fleiß dringend ermahnen möchte. Ich beabsichtige ernstlich, mich Ihrer noch nach Jahren zu erinnern. Wenn Sie also einmal bei mir geprüft werden, sollten …« Karl gestand, dass er nicht Jurist sei. Der Professor entfernte sich geräuschlos.

Nachts – gegen zwölf Uhr – erwachte Karl. Er befand sich auf der Chaiselongue seines Zimmers. Die Wirtin, eine zur Fülle und zum

Jähzorn neigende Witwe, hielt ihn an beiden Schultern und warf ihn heftig hin und her, als gelte es Wiederbelebungsversuche. Karl war außer sich. Was wollte diese üppige, hinter dem Nachthemd nur kärglich verborgene Frau von ihm? Doch das war offenbar ein Missverständnis. Durch die offen stehende Tür blickten mehrere Hausbewohner (Abgeordnete aller Stockwerke). Und da klingelte der Wecker zum zwanzigsten Male. Karl hatte ihn auf Mitternacht eingestellt, weil er das um die Ecke gelegene Café aufzusuchen die Absicht hatte, um sich mit einem freundlichen, ihm zum Teil noch unbekannten Mädchen zu treffen.

Der Wecker – das bewiesen die neugierigen Hausgenossen und die Wirtin – schien prompt gearbeitet zu haben. Nur Karl hatte neunzehn Klingelzeichen überhört, und selbst das zwanzigste wär ihm ohne die rege Teilnahme der Wirtin gewiss entgangen. Die späten Besucher gaben vor, empört zu sein, drangen ins Zimmer und verlangten einstimmig die Auslieferung der Uhr. Zum Zwecke der Lynchjustiz. Karl plädierte glänzend. Er wies darauf hin, dass es sich um ein liebes Geschenk seiner Mutter handle; er bat, man möge ihn nicht des letzten Ankers berauben. Es half nichts.

Er resignierte und lieferte das amerikanische Fabrikat aus. Man stieß ihn roh auf den Treppengang und zwang ihn zuzusehen, wie sein letzter Anker durch das Fenster flog und unten im gepflasterten Hofe mit vorwurfsvoller Stimme zerklirrte. Es klang, als schimpfe die Mama durchs Telefon. Atemholend stiegen die Übrigen in ihre Betten zurück. Karl schritt einsam in die kühle Nacht hinaus. Ins Café um die Ecke.

Am nächsten Morgen erwachte Karl am Mittag. Bis zur Vesper machte er sich erfolglos Vorwürfe. Dann schrieb er seiner Mutter einen Brief, in dem er ihr die Erlebnisse der vergangenen Nacht schonend, und nur soweit sie mit dem Weckapparat zusammenhingen, unterbreitete. In einer dunkel stilisierten Nachschrift teilte er ihr mit, dass er entschlossen sei, zu heiraten. Einen anderen Ausweg wisse er nicht mehr.

Den Tag darauf las man in den *Neuesten Nachrichten* unter anderem folgende Annonce:

Welche edel denkende Dame, Alter, Figur, Charakter, Größe, Konfession, Vermögen und dgl. Nebensache, würde sich bereitfinden, jungen Akademiker zwecks späterer Ehe kennenzulernen? Leiser Schlaf einzige Voraussetzung. Probezeit von einem Monat einzige Vorbedingung. Offerten unter »Morgenstunde« 70311 Hauptgeschäftsstelle des Blattes.

Der Erfolg des Inserats war einzigartig. Leider hatten die meisten Damen – allzu edel denkend – ihre Photographie mitgeschickt. Andere wagten an ihrer morgendlichen Munterkeit zu zweifeln oder machten sie doch verschämt von der nächtlichen Munterkeit des Inserenten abhängig. Wieder andere lehnten den Probemonat entrüstet von sich ab.

Karl verlor den Kopf und fragte seine Wirtin, ob sie gesonnen sei, jeden Morgen in sein Schlafzimmer einzudringen und ihn mit allen Mitteln weiblicher List zu wecken. Sonst müsse er kündigen.

Die neue Wirtin war nicht ohne Vorzüge. Doch zunächst versuchte Karl ein anderes Mittel. Jeden Abend gab er auf dem Postamt eine Depesche an sich auf, mit dem ausdrücklichen Vermerk, sie nicht vor neun Uhr des Morgens auszutragen. Dieser Versuch bewährte sich. Jeden Morgen kurz nach neun klopfte die Wirtin an Karls Schlafzimmertür, und jeden Morgen sah sie sich genötigt, das Telegramm an sein Bett zu bringen, da er nicht hörte.

Sie besaß neben vielen anderen Vorzügen auch den der Sparsamkeit. Nur so ist es verständlich und verzeihlich, dass sie Karl vorschlug, das Depeschenschicken einzustellen …

Genügt zum vollen Verständnis der künftigen Sachlage die lapidare Bemerkung, dass Karl nie wieder verschlief?

Das verfahrene Leben
oder Die Abschiedskussine

Ein junges Fräulein (Tochter erster Kreise,
Schuhnummer sechsunddreißig, blondes Haar)
verliebte sich – höchst hoffnungsloserweise –
in einen schönen Steueraktuar.

Er hatte nichts und liebte sie desgleichen.
Sie waren glücklich und einander treu.
Er tat des Nachts um ihre Villa schleichen –
man kennt das ja. Doch ihnen war es neu …

Ein gern geübter Brauch bei Liebespaaren
lässt sie die Lippen oft und wechselseits
zusammenpressen. Dieses Tauschverfahren
wird »Kuss« genannt und ist von großem Reiz.

Das Fräulein wohnte bei den Eltern. Leider.
Dem Aktuar erging es ebenso.
Das Küssen lag im Interesse beider.
Sie wussten das. Nur wussten sie nicht, wo.

Bis sie erfinderisch den Ausweg fanden:
Sie trafen sich am Bahnhof. Tag für Tag.
Wo sie vor fahrtbereiten Zügen standen
und sie ihm zärtlich in den Armen lag.

Sobald der eine Zug von dannen rollte,
verließ das Paar den Bahnsteig. Hand in Hand,
und schritt, weil es den Abschied dehnen wollte,
zum nächsten Zug und blieb, bis er verschwand. –

So küssten sie sich durch die weite Halle.
So küssten sie sich förmlich »Zug um Zug«.
Man kannte sie bereits. Es lachten alle.
Bis eines Tags die Trennungsstunde schlug …

Sie standen Mund an Mund vorm Speisewagen
des überfüllten D-Zugs Wien–Berlin;
er wollte schon die Arme um sie schlagen,
da sah sie ihren Vater (wie ihr schien).

Sie riss sich aus dem Arm des Aktuares,
sprang ängstlich in den Zug und wollte nur
sich vor Papa verstecken. Zufall war es,
dass es sehr anders kam: der D-Zug fuhr! –

Sie war entblößt von Fahrschein und von Geldern.
Ein fremder Herr half mit Vergnügen aus.
Erst weinte sie im Hinblick auf die Eltern,
dann lachte sie und kam nie mehr nach Haus.

* * *

Der Inhalt des Gedichtes soll euch lehren:
Gefährlich sind die Freuden dieser Welt!
Gefährlich ist sogar der Kuss in Ehren!
Gefährlich ist ein Zug, selbst wenn er hält!

O Mädchen! Meidet Aktuare, deren
Gehalt dem teuren Elternpaar missfällt!
Dass ihr euch nicht zu häufig küssen lasst –
dies wünscht von Herzen

Philipp Seidelbast

Aber das hat seine Schwierigkeiten

Eduard ist glücklich. Er hat ein Amt. Und der liebe Gott hat ihm das dazu unvermeidliche Quantum Verstand geliefert. Er hat Vermögen. Und sein Papa selig hat es in ganz erstklassigen Kuxen angelegt. Er ist verheiratet und liebt deswegen seine Frau, soweit es in seinen Kräften steht.

Sie ist geradezu reizend. Auch zu ihm. Und heißt Margit … Eduard liebt außer Margit keine andre Frau! … Das heißt – doch noch eine. Aber das ist seine Mama. Und er denkt: Margit lieben und Mama lieben, das sind Aufgaben zweier getrennter Nervenbahnen. Also: Man kann seine Frau lieben. Und kann seine Mama lieben. Gleichzeitig!

Die Sonne scheint. Die Vögel zwitschern. Das Gras wächst zusehends. Die lieblichen Blumen blühen. Margit und Mama haben Eduard in die Mitte genommen und spazieren damit durch den Garten. Es ist alles in schönster Ordnung.

Plötzlich bleibt Margit vor einem Baum stehen, blinzt neugierig in das Geäst, das im Begriff ist, grün anzulaufen. Und bemerkt halb fragend: »Eine Magnolie.« Mama streicht knisternd über ihre Seidenmantille. Und sagt ernst: »Ein Birnbaum.« Margit entgegnet: »Liebe Mama, Sie täuschen sich wohl. Es ist eine Magnolie.« Mama lächelt dünn: »Liebes Kind, es ist ein Birnbaum … Magnolien werden niemals so groß.« »Doch, Mama«, sagt Margit, »in Blasewitz, neben der Post blüht jedes Jahr ein Magnolienbaum, der mindestens so groß ist.« »Meine liebe Margit«, sagt Mama – und gibt ihrem Tonfall eine skandierende Würde –, »Magnolien gehören zu den Sträuchern.« »Aber in Blasewitz, neben der Post …« Margit unterbricht sich … »Es ist gut«, sagt die Mama.

Schweigen. Die Sonne scheint. Aber die Damen haben kühle Augen … Die Vögel zwitschern. Die lieblichen Blumen blühen. Vergebliche Bemühung …

Eduard liebt Margit. Und die Mama … Aber es hat seine Schwierigkeiten …

Eduard klopft behutsam an das Zimmer seiner Mama … »Herein!« Mama sitzt am Fenster. Im selbstgestickten Sorgenstuhl. »Liebe Mama«, beginnt er, »ich wollte dich von Herzen bitten, etwas rücksichtsvoller gegen Margit zu sein.« Mama schaut sinnend durchs Fenster. Eduard fährt also fort: »Denn siehst du: Es war alles in schönster Ordnung –« »Es war ein Birnbaum, Eduard«, sagt Mama streng. »Gewiss … ganz gewiss … aber«, sagt Eduard. »Es gibt keine so großen Magnolien«, sagt Mama. »Aber Margit will doch in Blasewitz –« »Da siehst du es ja«, fährt Mama dazwischen, »da es keine so großen Magnolien gibt, kann Margit auch keine gesehen haben! Aber sie ist ein ganz impertinenter Dickkopf!« »Aber …« »Kein Aber!«, sagt Mama. »Es ist traurig genug, dass man sich von dieser jungen … jungen … Person so schulmeistern lassen muss!« »Aber …«, versucht Eduard. »Kein Aber!«, sagt Mama. »Ich weiß längst, wie alles kommen wird! Du siehst vor lauter Verliebtheit nicht, wie niederträchtig deine Frau sein kann! Und du bestärkst sie noch darin! Aber ich lasse mir das unter keinen Umständen länger gefallen. Wo soll denn das noch hinführen! Soll ich mich vielleicht verkriechen! Wie? ... Das Beste wird sein, ich reise ab!«»Aber Mama −«, bittet Eduard. »Jawohl, das wird das Beste sein!«, fährt Mama unerbittlich fort. »Man hat doch schließlich seine Nerven! Und ich vertrage nun einmal Zank nicht! Ruhe wird wohl erst werden, wenn ich unter der Erde −«

Eduard hat schließlich auch seine Nerven. Er entfernt sich geräuschlos. Es hat seine Schwierigkeiten ...

Margits Frühjahrstoilette ist eingetroffen. Margit ist glücklich, denn ihr Eduard hat geäußert, die Dagover sei neben Margit nunmehr nur noch Provinz.

»Na, Mamachen!«, strahlt Eduard in das Zimmer hinein, »Margits neueste Verkleidung! ...« Margit wiegt sich nach dem Spiegel hinüber. Hat irgendetwas an ihrem Haar zu ordnen. Und harrt der Worte, die da kommen sollen ... Endlich sagt Mama: »Sehr nett −«. »Aber?«, fragt Margit mit verhaltenem Atem. »Ist es nicht etwas zu lang?«, fragt Mama. »Finden Sie?«, fragt Margit zurück. »Ich finde«, erklärt Mama. »Ich finde nicht!«, erklärt Margit. »So lange Kleider würde nicht einmal ich tragen«, bemerkt Mama. »Dazu verpflichtet Sie ja kein Mensch!«, sagt Margit kalt. »Haben Sie noch nicht bemerkt, dass das Kleid für mich gearbeitet worden ist?« Und wiegt aus dem Zimmer. Um nebenan Klavier zu üben ... »Empörend!«, ruft Mama »Ich will gleich mit ihr sprechen!«, sagt Eduard. Und verlässt schneidig den Raum.

Er liebt Margit und die Mama ... Aber es hat seine Schwierigkeiten ...

Eduard klopft behutsam an das Musikzimmer … »Herein!« Margit sitzt am Klavier. »Liebe Margit«, beginnt er, »ich wollte dich von Herzen bitten, etwas rücksichtsvoller gegen Mama zu sein.« Margit bricht ihr Spiel ab und schweigt. Eduard fährt also fort: »Denn siehst du: Es war alles in schönster Ordnung.« »Es ist nicht zu lang, Eduard«, sagt Margit streng. »Und meinetwegen kann Mama kniefrei gehen.« – »Aber … Mama meint doch, dass sich selbst ältere Damen …« »Da siehst du es ja«, fährt Margit dazwischen, »da jetzt lange Kleider Mode sind, werden sie auch von alten Damen getragen werden. Auch von Mama! Aber sie ist unsäglich halsstarrig!« »Aber …« »Kein Aber!«, sagt Margit. »Ich weiß es ja längst, wie alles kommen wird! Du siehst vor Pietät nicht, wie bösartig deine Mutter sein kann! Und bestärkst sie noch darin! Aber ich lasse mir das unter keinen Umständen länger gefallen! Wo soll denn das noch hinführen! … Soll ich mich vielleicht verkriechen! Wie? … Das Beste wird sein, ich fahre nach Hause!« »Aber Margit«, bittet Eduard. »Jawohl, das wird das Beste sein!«, fährt Margit fort. »Man hat doch schließlich seine Nerven! –« Eduard auch. Er entfernt sich geräuschlos. Es hat seine Schwierigkeiten …

Eduard pilgert allein durch den sonnigen, grünenden Garten und denkt angestrengt nach. Bis er plötzlich still stehen bleibt. Und mit ihm der Verstand. Ärgerlich bohrt Eduard mit dem Absatz ein Loch in den so schön geharkten Kies. Ah, das tut wohl! Deshalb bohrt er ein zweites Loch daneben. Und ein drittes … Und betrachtet etwas stupid die drei Punkte im Kies …

Plötzlich, da kommt es ihm! … Drei Punkte! Der eine ist Margit … der andere die Mama … und der dritte ist Eduard … Glänzend! Genial! Er entschließt sich zur darstellenden Geometrie. Eduard liebt Margit. Und umgekehrt … Stimmt! Eduard liebt die Mama. Und umgekehrt … Stimmt! Mama liebt Margit? Und umge – Aha! Hier sitzt der Hund im Pfeffer!

Warum lieben sie einander nicht? Diese liebenswerten Geschöpfe! – Ärgerlich bohrt Eduard einen vierten Punkt in den Kies … Mit einem Male lösen sich alle Beziehungen wohltuend … diese Linie, jene Linie … Eduard fixiert den vierten Punkt missmutig … Dieser dunkle Punkt! Dieser namenlose, ungetaufte … Wie? … Ungetaufte … un…ge…tauf… Eduard fängt plötzlich an, über den Kies zu rennen.

Am Kaffeetisch ist Eduard bester Laune. Der Mama klopft er mutwillig auf die Schulter. »Na, na«, sagt die Mama … Und Margit streicht er das Brötchen eigenhändig. »Was hast du nur?«, erkundigt sich Margit. »Ach Gott, nichts!«, lügt er. »Ich hatte nur eben eine glänzende Idee.« »Ach geh«, sagt die Mama, »die glänzendsten Ideen pflegen an der Ausführung zu scheitern …« »Aber erlaube mal!«, bäumt sich Eduard auf. »Das wäre doch einfach …« Doch er bezwingt sich und fängt von neuem an: »Um von etwas anderem zu sprechen: Wäre es nicht glänzend, wenn wir ein Baby hätten?« »O ja!«, ruft Margit. Und Mama scheint keineswegs abgeneigt solcher Familieneintracht.

Da sagt Mama: »Ein Junge …« Und Margit prompt: »Ein Mädchen …« Eduard ist enttäuscht und rät zum Abwarten … »Wenn es ein Junge ist«, sagt Margit verträumt, »so soll er Rainer heißen!«

»Rainer?«, erbost sich die Mama. »Was ist das für ein Name? Das ist überhaupt kein Name! Hubert soll er heißen!« »Ich werde mein Kind doch nennen dürfen, wie ich will«, sagt Margit voll Mutterstolz. »Man pflegt im Allgemeinen derartige Wünsche der Großmutter zu respektieren!« »Aber der Junge ist doch noch gar nicht da«, wendet Eduard ein. »Wenn er aber da ist …«, widerspricht Margit. »Dann nennen wir ihn Rainer und Hubert!«, schreit Eduard. »Das dulde ich nie und nimmer!«, ruft die Mama. »Ich auch nicht«, weint Margit.

Eduard rotiert erregt um den Kaffeetisch. »Dann nennen wir den ersten Jungen Rainer. Und den zweiten Hubert«, sagt er, wieder voller Selbstbeherrschung. »Nenne du deine einfältigen Jungens, wie du willst!«, erbost sich Mama. »Meine Kinder sind nicht einfältig! Verstehen Sie?«, schreit Margit zurück, wirft ihren Stuhl um. Und läuft aus der Veranda.

»Mama«, sagt Eduard melancholisch. »Du solltest wirklich nicht so schlecht von meinen Söhnen sprechen. Du kennst sie viel zu wenig, um so hart urteilen zu können … Und Margit wirst du noch den ganzen Spaß verderben …«

»Ach, ihr mit euren albernen Kindereien!«, schreit die Mama und läuft in den Garten.

Eduard liebt seine zukünftigen Söhne. Er liebt deren Mutter. Und er liebt deren Großmutter … Aber es hat seine Schwierigkeiten …

Hochzeitmachen
Ein altes Kinderspielrezept, modernisiert

Zwei Kinder reichen. Wenn es mehr sind: gut.
Und wer den Pastor macht, muss sich verstecken.
Er und (wenn möglich) ein Zylinderhut
genügen, um die Trauung zu vollstrecken.

Zunächst begibt sich Erna ans Klavier
und wühlt dort mutig in den schwarzen Tasten.
Paul (der sie liebt) steht plötzlich neben ihr,
um sie beim Notenblättern zu entlasten.

Dann tut sie still die Hände in den Schoß,
wobei sie seufzt, als ob sie Leibweh hätte.
Paul meint entzückt: Ihr Anschlag sei famos;
er selber schwärme für die Operette …

Das ist das Stichwort! Erna scheint verstört.
Sie lächelt selig sowie schräg nach oben.
Und Paulchen flüstert, dass er es kaum hört:
»Wie wär das, wenn Sie sich mit mir verloben?«

Falls noch ein viertes Kind auf Lager ist,
so hat dies Ernas Eltern zu bedeuten;
es schreit: »Ach Schwiegersohn!«, und lässt voll List
auf dem Klavier (ganz tief) die Glocken läuten …

Das Brautpaar hat das Einzelleben satt.
Das vierte Kind ist gänzlich ihrer Meinung.
Man steigt aufs Sofa, fährt damit zur Stadt –
und jetzt tritt auch der Pastor in Erscheinung.

Er hält die Rede. Alles andre weint.
Paul starrt verlegen auf den Glanzzylinder.
Das vierte Kind (die Eltern) schluchzt und meint:
»Ich freu mich so auf meine Enkelkinder …«

Aus diesem Grund geht Erna nebenan
und muss genau wie echte Babys krähen,
bis dass sie ihre Puppe findet. Dann
kehrt sie zurück. Und jeder will sie sehen.

Denn die ist Pauls und Ernas erstes Kind.
Und Ernas Eltern hüpfen wie besessen.
Und nach der Taufe (weil sie hungrig sind)
gehn alle in die Puppenküche essen. –

Die minderjährige Ehe

Gestern habe ich ihn wiedergesehen! Auf der Peterstraße ... Es regnete fein. Die Bogenlampen hingen in Reih und Glied. Wie kleine kranke Vollmonde. Die Häuser lehnten grämlich in ihren grauen Mänteln an der Straße. Missgelaunt, als hätten sie kalte Füße ... Die Menschen glichen mit ihren unfreundlichen Schirmen wandernden Fliegenpilzen. Und die Schaufenster blickten trübe, weil sie keiner ansehen mochte.

Ich fühlte mich innerlich ein wenig verödet. Wie eine ausgeräumte Wohnung. Und guckte den Damen gelangweilt unter die Schirme. Bis mich plötzlich jemand beim Namen rief. Ich drehe mich um. Nichts zu sehen. »Servus!«, sagt einer. »Hänschen! Du bist's!«, rufe ich. Wir erkundigen uns zunächst gegenseitig, wie es denn ginge. »Na«, sage ich dann von oben herab, »größer bist du auch nicht geworden.« Da sagt er unvermittelt: »Erlaube, dass ich dich meiner Frau vorstelle!« Ich unterdrückte einen Ohnmachtsanfall. Und verbeugte mich irgendwohin. Denn ich sah nichts von »Frau«. Da streckte sich mir aus der Tiefe ein Pfötchen entgegen, das ich vorsichtig ergriff. Und eine Stimme wisperte: »Sehr angenehm.« Hänschen lud mich gewichtig zum Abendbrot ein.

Dann saßen wir im Thüringer Hof. Ich bestellte mir einen Fleischsalat. »Iss doch was Warmes!«, sagte er. »Ich bezahl's.« Und die Gemahlin nickte mit dem Hute.

Da saßen sie nun. Die beiden verehelichten Kinder. Konnten

kaum auf den Tisch gucken. Hielten sich lieb an der Hand. Und luden mich taktvoll zu einem warmen Abendessen ein.

Zunächst ließ ich mir erzählen … Sie waren schon ein ganzes Jahr verheiratet! Glücklich! Oh, sehr glücklich! Hans hatte die Fabrik seines Schwiegervaters erweitert. Und jetzt waren sie eben auf einer Geschäftsreise. Die Frau führe immer mit. Um unnötigen Trennungsschmerz zu vermeiden. »Und da lässt man euch so allein reisen? Haben denn da die Eltern keine Angst?« … Ach, was ich dächte! Sogar in Berlin wären sie allein gewesen. »Nicht, Fanny?« Was ihnen wohl groß passieren könne! … Mein Staunen wurde beinahe chronisch.

Da kam das Essen. Es war lieblich anzusehen: Sie fütterten einander. Obwohl ich meinte, sie könnten dann die Teller doch besser von vornherein wechseln. Anstatt sich gegenseitig zu bemühen. Die Liliputfrau wurde rosa. Und Hans im Glück sagte: »Das verstehst du nicht. Warte du, bis du erst selbst verheiratet bist –«. Ja, ich wolle schon warten …

Nachdem jedes von ihnen ein traumhaft großes Schnitzel hinuntergeschlungen hatte, sah er sie ernsthaft besorgt an. Und sagte: »Schatz, du isst ja gar nichts!« »Ach«, antwortete sie, »ich habe so gar keinen Hunger …« Um Gottes willen!, dachte ich.

Sie bemerkte meinen erschütterten Gesichtsausdruck. Und ich fragte vor lauter Verzweiflung: »Und was machen die lieben Kinderchen?« »Immer langsam«, sagte Hans, »wir haben erst einen Jungen. 'n Prachtkerl!« Ich stimmte bedingungslos zu. Schwiegermama sorge rührend für den kleinen Paul, wenn sie verreist seien … Ich fand das sehr nett von Schwiegermama … »Übrigens«, meinte ich, »da haben die Großeltern die Vormundschaft übernommen?«»Erlaube«, griff Hans ein, »wir haben das Kind an meinem 21. Geburtstag getauft.« Sehr glückliches Zusammentreffen. Meinte ich ... Ja, Fanny würde zwar erst in drei Jahren mündig. »Aber die Ehe, weißt du«, sagte Hans, »die reift den Menschen ...«

Dann fragte sie mich, ob der Fleischsalat geschmeckt habe. »Ausgezeichnet! Gnädige ... Frau! Mein Kompliment! ...«, sagte ich. Da lachte sie. Ich sei doch zu drollig. Sie habe den Fleischsalat doch gar nicht angerichtet! ... Ach natürlich! Versehen meinerseits! Entschuldigung! – Jedenfalls, sie aßen noch jedes einen Salat. Nur so zum Abschluss ...

Inzwischen musste ich das Hochzeitsbild lobpreisen: Vor dem Portal der Villa standen sie. Arme ineinander verschränkt. Um sie und die Tür herum wehten Girlanden. »Viel Glück den Neuvermählten« konnte man in einem Kranz über ihnen lesen. Hans war im Frack und Zylinder. Sie im Myrtenkränzchen. Er wie der kleine Emil als Dr. Eisenbart. Sie wie zur Konfirmation ...

Ich erbat mir das Bild als Andenken. So ernst als möglich. Und steckte die Photographie beglückt zu mir. Für Stunden des Trübsinns. Als Medikament. –

Dann wurde Hans zudringlich. Fragte, ob ich noch nicht Examen gemacht hätte. Ich verbat mir jede Indiskretion. »Und Sie sind doch schon viel älter als mein Mann?«, fragte Klein-Fanny. Ich nickte wortlos. »Und nicht einmal verlobt?« Ich kopfschüttelte ein wenig. Und verlor so jede Achtung.

Hans erzählte: Georg sei auch verheiratet. Seine und Georgs Frau führen gemeinsam die Kinderwagen in den Stadtpark ... Hermann sei sogar schon wieder geschieden. Gegenseitige Abneigung! ... Und Fritz sei wenigstens verlobt. Eigentlich: verlobt worden. Es gefiele ihm aber schon ganz gut ... Ich sah sie alle vor mir, die braven Jungen. Früher hatten sie doch, wenn auch nur zuweilen, einen ganz vernünftigen Eindruck auf mich gemacht! Und kaum waren sie ein, zwei Jahre dem Lehrer entwachsen, nahmen sie sich eine Frau!

Als uns die kleine Fanny für etliche Minuten allein ließ, packte ich Hans am Arm. Und sagte: »Bist du nicht sehr unglücklich? Manchmal?« Er starrte mich verständnislos an. Wie eine Fliege den Kölner Dom. Und fragte: »Warum denn nur? ... Es gibt nichts Schöneres als ein eignes Heim und eine eigene Familie. Man weiß doch, wofür man lebt ... Ist es ein Unglück, dieses schöne Lebensziel so früh als möglich zu erreichen?« Ich sagte: »Wenn es schon ein Ziel ist −: so muss man hinwandern. Aber ihr seid ja schon da! Ihr fangt mit dem Ende an.«

Da kam das Frauchen wieder.

Ich brachte beide zum Hotel. Und lächelte den beiden nach. Der Portier grinste vieldeutig. »Erlauben Sie«, sagte ich, »die zwei sind tatsächlich verheiratet.« »Aber gewiss, mein Herr«, nickte er lächelnd, »das sind sie hier bei uns alle.«

Dann ging ich wieder allein durch die Straßen. Es regnete fein ... Und ich war mit mir ganz zufrieden.

Mutter und Kind
Noch ein altes Kinderspiel, renoviert:

Die Emma ist die Frau. Du bist der Mann.
Die andern müssen sich zunächst verstecken.
Im Schrank zum Beispiel. Oder finstern Ecken.
Auch auf dem Flur. Ein jedes, wo es kann.

Dann greift der Mann nach einem Pappkarton.
Und sagt, er müsse längre Zeit verreisen.
Und zwar – wer will das Gegenteil beweisen –
nach Borneo. Vermittels Luftballon.

Dann rennt er vor die Tür. Die Frau wird krank.
Sie weint und schreit und zieht sich an den Haaren.
»O Mann«, heult sie, »warum bist du gefahren?«
Drauf holt sie eins der Kinder aus dem Schrank.

Wenn du zurückkommst, bist du hochbeglückt.
Die Emma zeigt das Kind. Es kann schon laufen.
Du willst es auf den Namen Lina taufen.
Sie sagt: »Wo es ein Junge ist! Verrückt!«

Mitunter müsst ihr euch den Rücken drehn.
Und mit den Augen und den Armen rollen.
Die Emma muss zu ihren Eltern wollen.
Doch so ein Streit wird schnell vorübergehn.

Dann müsst ihr wieder äußerst glücklich sein.
Und eingehenkelt aus dem Fenster blinzeln.
Im Hintergrunde hat das Kind zu winseln.
Ihr gebt ihm seine Milch. Dann schläft es ein.

Nun wird es auch allmählich wieder Zeit,
ein neues Kindchen aus dem Schrank zu holen.
Diesmal bist du vielleicht in Russisch-Polen.
Und nicht in Borneo. Das war zu weit …

Du bringst ihr Blumen mit als braver Mann.
Am besten Heidekraut und Edelweiße.
Weil die sich halten, trotz der großen Reise,
und sie auf dem Klavier stehn, nebenan.

Was nun der Junge ist – das erste Kind –,
der hat inzwischen tüchtig zugenommen
und soll zu Ostern in die Schule kommen.
Wie schnell doch die paar Jahr vergangen sind!

Die andern Kinder – außer jenen zwein –,
die nun noch immer in dem Schranke kauern,
die wollen, weil sie laut sind und euch dauern,
ein bisschen Schlag auf Schlag geboren sein.

Auch müsst ihr manchmal unter Leute gehn,
zu Maskenbällen oder ins Theater.
Du trägst den Frack von deinem Vater.
Er wird zu groß sein und dir glänzend stehn.

Die Kinder steckt ihr wieder in den Schrank.
Damit es dunkel ist, wenn sie sich zanken.
Ihr sitzt inzwischen, ziemlich in Gedanken,
wie echte Eltern auf der Küchenbank.

Und sprecht dann beide, würdigen Gesichts,
vom Ernst des Lebens und den Reichstagswahlen.
Dann rufst du plötzlich laut: »Herr Ober, zahlen!«
Und wenn kein Ober kommt, so macht das nichts.

Emma ist müd. – Es war ein bisschen viel. –
Löst die Familie auf! Macht Atempause!
Die andern Kinder müssen auch nach Hause.
So eine Ehe ist kein Kinderspiel …

Der kurze Besuch

Am Montag hatte Künzelmann den Malvolio gespielt. Nach der Vorstellung war er, aufgeregt und notdürftig abgeschminkt, von uns zum Nachtschnellzug eskortiert worden. Heute, am Mittwochabend, musste er wieder zurückgekommen sein. Denn er hatte in »Kabale und Liebe« den Wurm darzustellen. Wir saßen am Stammtisch im Ratskeller und warteten auf ihn. Er war erst seit etlichen Monaten in unserer Stadt. Aber Sympathien stellen sich, wie man ja weiß, schnell ein oder gar nicht. Außerdem hatten wir es uns immer schon in den Kopf gesetzt, alle ehrlichen Kerle, deren wir habhaft werden konnten, um unsern Stammtisch zu scharen. Mit Künzelmann waren wir vier.

»Hoffentlich hat er in Königsberg keinen Ärger gehabt«, meinte Börner. Künzelmann war nämlich nach Königsberg gereist, um seine Freundin Lotte wiederzusehen, mit der er jahrelang in B. engagiert gewesen war. Zu Beginn der neuen Spielzeit hatte sie das Geschick getrennt. Beide hatten B. verlassen. Lotte war nach Königsberg gegangen, er ans Schauspielhaus unserer Stadt. Den ersten spielfreien Tag, der sich bot, hatte er benutzt, sie zu besuchen. »Warum soll er denn Ärger gehabt haben?«, fragte Paulig. Er war der Naivste von uns.

Börner wies darauf hin, dass Künzelmanns Lotte gestern Abend eine Operettenpremiere gehabt habe. »Vielleicht war sie heiser.«

»Das ist bei Soubretten nicht wichtig«, sagte ich. Dann tranken wir einander zu, blickten auf die Wanduhr und warteten weiter.

Endlich kam Künzelmann. Er sah blass und übernächtig aus, gab uns dreien geistesabwesend die Hand, nahm Platz und schwieg. Da es manchmal immer noch klüger ist, eine Dummheit zu fragen als gar nichts, fragte ich: »Na, wie war's?«

»Ich habe selten so gelacht«, antwortete er. Das war eine seiner Redensarten. Wir kannten ihn hinlänglich. Sie bedeutete, entgegen ihrem Wortlaut, in Künzelmanns Munde, nichts Gutes.

Börner räusperte sich. »War die Premiere ein Durchfall?«

»Welche Premiere?« Künzelmann hielt das Glas gegen das Lampenlicht und starrte gedankenlos hinein. »So eine Frage! Die Operettenpremiere in Königsberg natürlich!«

»Ach so. Nein, ein Riesenerfolg«, erwiderte er. Das war es also nicht. Was mochte bloß geschehen sein? Paulig erinnerte sich, dass es nicht gut ist, junge, hübsche Frauen monatelang allein zu lassen. »Mach dir nichts draus«, meinte er. »Das ist der Lauf der Welt, mein Junge.«

»Von welchem Lauf ist die Rede?«, fragte Künzelmann.

»Einsame Fräuleins leiden zuweilen an schlechtem Gedächtnis. Mir hat sich mal ein Mädchen verlobt, obwohl sie in München längst verheiratet war. Sie hatte das total vergessen.« Paulig lächelte melancholisch.

»Quatschkopf!«, knurrte Künzelmann. Dann holte er tief Atem. »Es war ganz anders.«

»Erzähle!«, fragten wir unisono.

»Als der Zug gestern früh in Königsberg einfuhr, stand Lottchen auf dem Perron. Anfangs fiel sie mir um den Hals. Später stellte sie mir einen Kollegen vor, einen gewissen Kohlhaas. ›Liebling‹, sagte

Lottchen, ›ich muss leider sofort wieder ins Theater. Die gestrige Generalprobe hat nicht geklappt. Der Intendant hat noch eine Probe angesetzt. Es hilft nichts. Die Kunst verlangt Opfer. Mittags bin ich zurück. Dann kommst du zu mir. Die Adresse weißt du. Meine Wirtin kocht hinreißend. Bis zur Premiere haben wir füreinander Zeit. Für die Vorstellung liegt eine Logenkarte beim Bühnenportier. Nach der Premiere treffen wir uns im Theaterrestaurant. Du siehst, ich bin ein vorsorgliches Weib. Wann fährst du zurück?‹ ›Morgen früh um zehn. Und was mach ich jetzt?‹ ›Kohlhaas ist spielfrei‹, meinte sie. ›Er wird dir die Stadt zeigen. Bis nachher! Gib Küsschen!‹ Weg war sie. Kohlhaas sagte, er kenne in der Nähe ein Lokal, das sich zum Frühschoppen eigne. Wir gingen hin. Er hatte recht. Das Lokal eignete sich großartig. Gegen zwölf erklärte er, dass er ganz in der Nähe noch ein Lokal wüsste. Deshalb gingen wir. Er hatte recht. Dieses Lokal war keine Minute vom ersten entfernt.«

»Aha«, murmelte Börner.

»Ganz recht. Von dort aus war es gar nicht weit zum dritten Lokal. Später gingen wir in ein viertes. Dann ins nächste. Dann ins übernächste.«

»Schrecklich«, sagte Paulig.

»Ganz recht. Dieser Kohlhaas hatte phantastische Lokalkenntnisse. Königsberg ist eine große Stadt. Und überall Kneipen!«

»Zum Mittagessen kamst du natürlich nicht«, meinte ich.

»Natürlich nicht. Zum Kaffeetrinken kam ich übrigens auch nicht.«

»Und zur Premiere?«

»Zur Premiere auch nicht.«

»Warst du wenigstens nach der Vorstellung im Theaterrestaurant?«, fragte ich.

»Lottchen wartete doch dort!«

»Das Theaterrestaurant ist das einzige Königsberger Lokal, das mir Kohlhaas nicht gezeigt hat. Sonst waren wir überall.«

Börners Gesicht wies Spuren von Verzweiflung auf. »Ihr habt doch nicht etwa«, fragte er, »die ganze Nacht durchgekneipt?«

»Doch«, erwiderte Künzelmann. »Ohne Pause und Zwischenvorhang. Ununterbrochen.«

»Und dann?«

»Wir mussten ein Taxi nehmen. Sonst hätte ich den Zug nicht mehr erreicht.«

Wir saßen ziemlich versteinert da. Börner fragte zögernd: »Und du hast Lottchen überhaupt nicht wiedergesehen?«

»Nein, Freunde. Wann denn wohl?«

»Sie hat dich sicher überall gesucht.«

»Es ist anzunehmen«, sagte Künzelmann. »Ich wies aber bereits zu Beginn meiner Ausführungen darauf hin, dass Königsberg eine große Stadt ist.«

»Ein erschütterndes Gemälde menschlicher Leidenschaften«, meinte Paulig und zog das Taschentuch, um sich zu schnäuzen. »Was musst du auf der Rückreise gelitten haben, du Ärmster!«

»Ja, ich hatte wahnsinnige Kopfschmerzen«, gestand der Schauspieler.

»Hast du ihr eine Depesche geschickt?«, fragte ich.

»Nein, sie hat mir eine geschickt«, sagte Künzelmann. »Hier ist sie.«

Börner faltete das Telegramm auseinander und las: »Alles Gute für ferneren Lebensweg. Lotte.«

»Sehr großzügig«, meinte ich.

»O ja«, sagte Künzelmann. »Großzügig war sie immer.« Dann rief er: »Herr Ober, ein Pilsner und drei Pyramidon!«

Marionettenballade
(Zum Leierkasten zu singen)

Junger Mann,
wollte die
Schließlich nach
stieß er ans
Spanien und
fabelhaft
Luft und Meer,
wie das so
Pinienhain.
Strandhotel:
Sonnenglut.
Grässlich: Al-
Mutig! denkt
Spricht darauf
Er wird rot.
Bitte schön!
Glücklich küsst
Zimmer? Nein!
Beide sind
Nur die Frau
Wenn das mein
kommt auch schon!

reich und schön,
Welt besehn …
Hin und Her
Mittelmeer.
Griechenland –
intressant!
blau durchstrahlt,
Böcklin malt.
Säulenrest.
Wanzennest!
Dunkler Wein.
lein zu sein!
junger Mann.
Dame an.
Dame lacht.
Abgemacht!
er die Hand:
Meeresstrand!
sehr verliebt.
denkt betrübt:
Mann erfährt –
Hoch zu Pferd!

Junge Frau	hüpft ins Meer,
Ehemann	hinterher.
Junger Mann	ist verstört:
Findet das	unerhört …
Wer das ge-	sehen hat,
der hat das	Leben satt.
Nahm er sein	Schießgewehr –
Junger Mann	lebt nicht mehr.

Über Ehe, Häuslichkeit und Frauen
Stefan Labude schreibt an Max Stein

Lieber Freund!

Schade, dass Sie und ich nicht in derselben Stadt wohnen. Sonst käme ich bestimmt zu Ihnen gelaufen, um mir Rat zu holen. Aber wollte ich jetzt zu Ihnen spazieren, brauchte ich drei bis vier Tagesmärsche. Briefe gehen schneller.

Diesem Vorzug stehen beträchtliche Nachteile gegenüber. Das Gespräch ist jedem, auch dem ausführlichsten und klügsten Briefwechsel haushoch überlegen. Aber was soll ich tun? Ich brauche Ihren Rat. Lächeln Sie jetzt? Erinnern Sie sich, dass ich für Ratschläge, und seien sie noch so gut und gutgemeint, wenig Sinn habe? Vergessen Sie vorübergehend, wie gut Sie mich kennen! Denken Sie, ich wäre ein unselbständiger junger Mann! Lesen Sie meinen Brief auf diese Art, und antworten Sie mir, so gut und rasch Sie können.

Um es kurz zu machen: Soll man heiraten? Die Feiertagsblätter wimmeln von Vermählungs- und Verlobungsanzeigen. Manche Ehepaare haben sogar mit viel Geschick die Geburt ihrer Kinder auf die Feiertage fallen lassen. Die Familiennachrichten beherrschen die Zeitung. Soll man heiraten, mein Freund?

Wenn man allein in seinem möblierten Zimmer sitzt, einen Strauß aus Tannenzweigen sentimental betrachtet und gerührt von der Stolle isst, die die Mutter aus der Ferne schickte, da erhebt sich diese Frage, setzt sich zu uns aufs Sofa und wankt und weicht nicht.

Geben Sie mir einen Rat. Geben Sie mir einen guten Rat! Sie sind seit Jahren verheiratet. Sie haben Kinder. Der Junge geht bereits zur Schule. Sie sitzen nicht allein im Zimmer. Können Sie mir die Ehe empfehlen? Ich traue mir nicht ganz über den Weg. Wenn die Feiertage vorüber sind, werde ich der Frage weniger gerührt ins Auge sehen. Trotzdem muss ich gestehen: mir ging die Sache auch schon vor den Feiertagen nahe.

Ist das ein Leben? Immer bei fremden Leuten. Immer allein. Lachen Sie schon wieder? Nun gut, es ist richtig. Ich bin nicht immer allein. Ich habe Bekannte. Ich habe, genau genommen, seit Monaten nur noch eine Freundin. Aha, werden Sie denken.

Lieber Freund, Ihr Aha ist nicht am Platz. Das Mädchen ist hübsch und nett und sympathisch. Anständig ist sie auch. Aber ich frage nicht im Hinblick auf ein bestimmtes junges Mädchen. Täte ich das, so wäre die Frage ja schon beantwortet. Nicht? Nein, ich will nicht wissen, ob ich dieses junge Mädchen heiraten soll. Denn da ich das selber nicht weiß, wäre es sicher verkehrt.

Ich will wissen, ob Sie als bewährter, erfahrener Ehemann, der Ansicht sind, dass man heiraten soll. Dass Staat und Kirche der Meinung sind, ist mir bekannt. Aber Sie sehen, ich bin trotzdem skeptisch. Ich will also nicht wissen, ob die Ehe vom Standpunkt des Staates aus wünschenswert ist, sondern ob sie vom menschlichen Standpunkt aus zu empfehlen ist. Wissen Sie nun, was ich will?

Sind Sie auch heute noch froh darüber, geheiratet zu haben? Gibt es Stunden, in denen Sie viel lieber wieder allein säßen in der guten Stube irgendeiner Wirtin, die Schulze oder Müller heißt? Sind diese Stunden häufig? Sind sie bedeutungslos dem Gefühl gegenüber, das zweifellos mit dem Bewusstsein Schritt hält, Gatte und Vater zu sein und seiner Familie etwas zu bedeuten?

Meine Fragen sind indiskret, fürchte ich. Und ich bitte Sie, Ihrer Frau den Brief, den ich schreibe, und den Brief, den Sie schreiben werden, nicht zu zeigen. Oder wäre es sogar gut und klug, wenn Sie ihr von meiner Frage und Ihrer Antwort erzählten? Ich weiß nicht recht, was besser wäre, und überlasse die Entscheidung darüber Ihnen, lieber Freund.

Ich möchte meine Frage, ehe ich den Brief schließe, sogar noch verschärfen. Nicht nur: Soll man heiraten? Sondern: Darf man heiraten? Wer weiß heute, ob er morgen nicht entlassen wird? Ich weiß es nicht. Darf man einer Frau, darf man gar Kindern dieses ungewisse Schicksal zumuten, das fast jeden Mann bedroht?

Mein Lieber! Antworten Sie mir bald. Antworten Sie mir offen und ehrlich! Ich kann Ihren Brief kaum erwarten. Grüßen Sie sich, Ihre Frau und Ihre Kinder herzlich von Ihrem

Stefan Labude

Lieber Freund!
Ihr Brief liegt neben mir, während ich zu Abend esse. Und manchmal, mitten im Kauen, greife ich zur Füllfeder und schreibe ein paar Zeilen an dem Brief an Sie. Meine Mahlzeit sieht dürftig aus. Weihnachten hat Geld gekostet. Die Gehälter wurden gekürzt. Trocken Brot macht Wangen rot. Ein schönes altes Sprichwort. Wenn es danach geht, sehe ich im Februar wie ein Puter aus.

Aber nun zur Sache. In Ihrem lieben klugen und besorgten Brief

51

schreiben Sie an einer Stelle, vielleicht hielte ich Sie für einen bequemen Moralisten. Ganz unter uns: ich fürchte beinahe, Sie haben recht. Ich halte Sie in der Tat ein bisschen dafür. Nicht in dem Zusammenhang, wie Sie es vermuten. Sondern Ihrer prinzipiellen Einstellung nach, aus der heraus Sie der Ehe und der Junggesellenschaft so etwas Ähnliches wie Zensuren erteilen. Zu Anfang Ihres Briefs und auch in seinem weiteren Verlauf klopfen Sie sich wiederholt voll Wohlwollen selber auf die Schulter und murmeln: eine Ehe einzugehen verrate Verantwortungsgefühl, Mut und andere schöne Sachen. Und ich überlegte mir daraufhin, was Sie wohl vom Junggesellen denken. Ich fürchte, Sie halten ihn für ziemlich (wenn nicht gar für unziemlich) verantwortungslos und, na sagen wir, unmutig.

Lieber Freund, das ist eine Auffassung, die man wirklich beinahe für bequemen Moralismus bezeichnen könnte, wie Sie selber schon vorzuschlagen wagten.

Ein Kollege von mir, der vor einem Monat entlassen wurde, ist verheiratet, gehört also zu den verantwortungsbewussten Männern. Und in seinem Fall stimmt das auch, wie ich Ihnen gleich des Näheren erzählen werde. Aber er ist nicht deshalb verantwortungsbewusst, weil er Frau und Kinder hat, sondern, dass er das ist, hat er erst nachträglich bewiesen. Ich traf ihn vor vierzehn Tagen in der Stadt. Er ging durch kleine winklige Nebenstraßen, und ich folgte ihm. Er ging in ein Haus hinein. Ich wartete. Er trat nach zehn Minuten wieder heraus. Er ging ins nächste Haus. Er kam wieder. Er lief ins dritte. Wissen Sie, was er in den Häusern tat? Er bettelte. Es kann auch sein, dass er handgemalte Postkarten oder Streichhölzer zu verkaufen suchte. Das weiß ich nicht so genau. Als er wieder in die Hauptstraße einbog, tat ich, als ob ich ihm zufällig begegnete. Und ich erkundigte mich, wie's ihm gehe. »Schlecht«, sagte er, und das war ihm anzusehen. Ich fragte ihn, ob er wieder Stellung gefunden habe. »Nein«, sagte er, und das wusste ich ja, denn ich hatte ihn beobachtet. Dann aber erzählte er mir etwas, was ich ihm nicht ansah. Er erzählte nämlich, dass er seiner Frau noch nicht gesagt hatte, dass er seine Stellung eingebüßt hätte. Er wolle sie nicht in Aufregung versetzen. Vielleicht finde er doch bald wieder einen Posten. Ich suchte ihn zu trösten, fragte ihn, ob ich ihm ein paar Mark leihen könne, aber er lehnte ab. Und als wir uns trennten, sagte er einen Satz, den ich hierhersetzen will. Er sagte: »Dass ich geheiratet habe, war verantwortungslos.«

Lieber Freund, ich erzähle Ihnen die Geschichte, um Folgendes zum Ausdruck zu bringen: Was nützt uns das Verantwortungsbewusstsein für Frau und Kinder in einer Zeit, in der wir – nicht nur mein Kollege, sondern morgen vielleicht ich und übermorgen Sie – dergleichen einfach nicht verantworten können! Das Leben ist unsicher geworden, und dass es in den nächsten Jahren sicherer werden würde, ist beim besten Willen nicht anzunehmen. Das Schicksal meines Kollegen gilt heute für Millionen Volksgenossen, und wer weiß, ob es für ihn nicht eines Tages gelten kann. Mein Kollege scheint mir das Musterbeispiel eines verantwortungsbewussten Menschen. Er verschweigt seine Entlassung. Er bettelt sogar für seine Familie! Welche Größe, welches Verantwortungsbewusstsein! Welcher Ehemann wäre dazu entschlossen außer ihm? Und trotzdem fürchte ich, seine Kinder werden nicht sehr satt sein.

Wollen wir uns nicht der überkommenen Moralbegriffe entledigen, lieber Freund? Sie haben früher einmal gestimmt, als es möglich war, zu arbeiten und zu verdienen, wenn man das wollte. Aber mit dem Wandel der Zustände wandeln sich die Maßstäbe. Heute wollen zahllose Ehemänner arbeiten und verdienen, und es ist ihnen zuwider, sich vom Staat aushalten zu lassen, noch dazu in unzureichender Weise. Aber was hilft heute der Arbeitswille? Und die nächste Frage lautet: Was nützt heute, in unserem Zusammenhang, das Verantwortungsbewusstsein?

Sehen Sie, lieber, guter Freund: 2 x 2 ist auch im Jahre 1930 4 geblieben. Die mathematischen Sätze haben ihre Gültigkeit behalten. Aber die moralischen Anschauungen sind verändert. Und wenn ich heute – nicht nur aus diesem Grunde, aber doch auch aus diesem Grunde – seit Monaten mit dem Gedanken herumlaufe: Soll ich heiraten?, und wenn ich mich noch immer nicht entschließen kann, so ist das wirklich kein Beweis für einen Mangel eines Verantwortungsgefühls! Im Gegenteil.

In Ihrem Brief standen noch viele andere sehr beherzigens- und überlegenswerte Dinge. Ich beschränke mich heute auf das Thema: Verantwortung, und um Ihnen ganz eindeutig die Möglichkeit zu einer klaren Antwort zu geben, frage ich Sie zum Schluss dieses Briefes: Würden Sie heute, wenn Sie bis jetzt unverheiratet wären, eine Ehe eingehen? Schreiben Sie mir bald wieder. Grüßen Sie Ihre liebe Frau und die Kinder.

Von Herzen Ihr Stefan

Lieber Freund!

Ganz behutsam stellt sich in unserem Briefwechsel heraus, was wir schon früher auf Grund vieler Gespräche merkten: dass wir uns nicht nur insofern unterscheiden, als Sie der Ehemann sind und ich der Junggeselle, sondern auch dadurch, dass Sie den Optimisten verkörpern und ich den Pessimisten. Unsere Einstellung zur »Wirtschaftlichkeit« der Ehe machte das besonders deutlich. Und nicht einmal so sehr unsere Einstellung dazu, als bereits die Tatsache, dass ich das Thema so laut und hartnäckig aufs Tapet brachte, während Sie es mit ebenso herzhafter Lebhaftigkeit aus unseren Briefumschlägen verbannen. Hand darauf, ich werde künftig möglichst selten nationalökonomische Fragen an Sie stellen, denn Sie haben ja recht: Wenn ich einen Ehemann befrage, will ich Ratschläge, welche die Ehe und nicht die nationale Wirtschaftskrise betreffen. Obwohl – Sie sehen, ich bin unverbesserlich –, obwohl die beiden Dinge verteufelt eng zusammenhängen, wenn man heiraten will. Vielleicht beruhige ich mein Gewissen, indem ich allernächstens einmal einem nationalökonomisch bewanderten Mann schreibe und diesen um eine Stellungnahme bitten werde. Und seinen Brief werde ich Ihnen dann mitteilen, wenn Sie wollen. Wollen Sie?

Diesen Wirtschaftsmann werde ich dann auch gleich mit einer weiteren Frage belästigen, mit der Frage, wie sich der wissenschaftlich geschulte Wirtschaftskenner zur Geburtenfrage stellt, zum Geburtenrückgang, zur Geburtenregelung. Es ist ja denkbar, dass ich an übertrieben ausgeprägtem Laienverstand leide und dass mir der wirkliche Kenner, kraft seiner tiefen Einsicht, überzeugend klarlegen wird, wie einfach die Bedenken, an denen ich laboriere, zu zerstreuen sind. Lieber Freund, es kommt ja dazu, dass ich eigentlich nie imstande bin, Fragen, die mich angehen, auch wirklich auf mich zu beschränken. Das ist eine Schwäche. Ich weiß es. Nicht, dass ich diese Veranlagung für besonders menschlich halten möchte. Das wäre übertrieben. Und Sie haben ganz recht, wenn Sie finden, dass ich mir meine Antworten dadurch von vornherein kompliziere. Sie haben allerdings unrecht, wenn Sie vermuten, das geschähe aus einem bloßen Mangel an Entschlossenheit.

Genug davon. Nehmen wir an (und das stimmt vielleicht), ich könnte die Ehe wirtschaftlich riskieren. Nehmen wir weiter an (und das stimmt freilich nicht), mich würde in diesen Wochen das Schicksal derer, die wirtschaftlich schwächer gestellt sind als ich, nicht interessieren. Nehmen wir es an, um mit unserem Briefwechsel voranzukommen! Da ergibt sich, nach der Beseitigung pekuniärer Einwände, die gewissermaßen ethische Frage: was ich unter der Ehe verstehe und was ich von ihr erwarte. Genau genommen, erwarte ich von der Ehe nicht so sehr das, was am nächsten läge: nämlich eine Frau, sondern viel eher und noch mehr: Kinder. Ich würde mich vielleicht genieren, dieses »kindliche« Bekenntnis zu machen, wenn ich nicht merkwürdigerweise eine ganze Reihe von jungen Männern wüsste, die genau den gleichen Wunsch haben wie ich. Sagen Sie mir offen: Ist das nicht albern? Müsste man nicht eigentlich zunächst die Frau wünschen und erst dann, beinahe auf Grund des ersten Wunsches, die Kinder? Ist es nicht ein fast ungehöriger Sprung meiner, unserer Wünsche? Die Ehe ohne Kinder hätte für mich beinahe keinen Sinn. Nicht einmal, fürchte ich, die Liebe. Stellen Sie sich vor, und diese Vorstellung entspricht leider ein wenig dem Sachverhalt, stellen Sie sich vor, die Frau, die ich liebhabe und heiraten will, sei kränklich … Wenn nun die Kinder, die wir haben werden, mit der erblichen Veranlagung zu Krankheiten geboren würden? Oder wenn der Arzt verböte, Kinder zu haben? Dann wäre der Sinn, den ich der Ehe vor allem gebe, hin.

Lieber Stein, Sie haben Kinder, Sie haben gesunde Kinder. Ihre Ehe hat, auch von meinem Standpunkt aus, ihren wahren Sinn erfüllt. Könnten Sie sich eine glückliche Ehe ohne Kinder vorstellen? Ist mein Bedürfnis, statt einer Ehe eine Familie zu gründen, ungerechtfertigt und übertrieben? Müsste man, bei meiner Auffassung der Dinge, eine Beziehung auflösen, die kinderlos bleiben könnte? Müsste man unter diesen Umständen weniger nach Liebe als nach Gesundheit suchen? Nun werden Sie mir vielleicht schreiben – wie Sie mir neulich schrieben, Sie seien kein Wirtschaftskenner –, Sie seien kein Arzt. Und ich müsste außer Ihnen auch noch einen Arzt um Rat fragen.

Oh, ist das Heiratenwollen kompliziert! Sie lächeln? Sie denken wieder: Er baut Hindernisse vor sich auf, weil er sie heimlich wünscht. Sollten Sie recht haben?

Antworten Sie recht bald Ihrem dankbaren

Stefan

Brief an meinen Sohn

Ich möchte endlich einen Jungen haben,
so klug und stark, wie Kinder heute sind.
Nur etwas fehlt mir noch zu diesem Knaben.
Mir fehlt nur noch die Mutter zu dem Kind.

Nicht jedes Fräulein kommt dafür in Frage.
Seit vielen langen Jahren such ich schon.
Das Glück ist seltner als die Feiertage.
Und deine Mutter weiß noch nichts von uns, mein Sohn.

Doch eines schönen Tages wird's dich geben.
Ich freue mich schon heute sehr darauf.
Dann lernst du laufen, und dann lernst du leben,
und was daraus entsteht, heißt Lebenslauf.

Zu Anfang schreist du bloß und machst Gebärden,
bis du zu andern Taten übergehst,
bis du und deine Augen größer werden
und bis du das, was man verstehen muss, verstehst.

Wer zu verstehn beginnt, versteht nichts mehr.
Er starrt entgeistert auf das Welttheater.
Zu Anfang braucht ein Kind die Mutter sehr.
Doch wenn du größer wirst, brauchst du den Vater.

Ich will mit dir durch Kohlengruben gehn.
Ich will dir Parks mit Marmorvillen zeigen.
Du wirst mich anschaun und es nicht verstehn.
Ich werde dich belehren, Kind, und schweigen.

Ich will mit dir nach Vaux und Ypern reisen
und auf das Meer von weißen Kreuzen blicken.
Ich werde still sein und dir nichts beweisen.
Doch wenn du weinen wirst, mein Kind, dann will
                                        ich nicken.

Ich will nicht reden, wie die Dinge liegen.
Ich will dir zeigen, wie die Sache steht.
Denn die Vernunft muss ganz von selber siegen.
Ich will dein Vater sein und kein Prophet.

Wenn du trotzdem ein Mensch wirst wie die meisten,
all dem, was ich dich schauen ließ, zum Hohn,
ein Kerl wie alle, über einen Leisten:
dann wirst du nie, was du sein sollst: mein Sohn!

Anmerkung: Da der Autor, nach dem Erscheinen des Gedichts in einer Zeitschrift,
Briefe von Frauen und Mädchen erhielt, erklärt er, vorsichtig geworden, hiermit:
Schriftliche Angebote dieser Art werden nicht berücksichtigt.

Das Trauerspiel am Nebentisch

Im Kaffeehaus. – Am Nebentisch schweigt ein junges Ehepaar. Er macht den Eindruck einer konzilianten Natur. Sie verzehrt sorgsam ein Törtchen und hält ihm mitunter den kleinen Löffel mit einem Brocken Torte vor den Mund. Er schüttelt jedes Mal den Kopf. Daraufhin isst sie ihren Kuchen selber. Wobei es den Anschein hat, als wäre sie sehr traurig darüber.

Man ist sich bald nicht länger im Zweifel, dass die ängstliche magere Frau glücklich ist. Es ist Glück mit Angst … Sie ist nicht hübsch. Das lange Gesicht ist knochig und die Augen sind wasserblau. Sie ist nicht mehr jung. Und sie ist nicht geschmackvoll gekleidet. Der überschlanke Körper steckt in einem Kostüm, das ohne Reiz ist. Wie die Frau selber. – Der kümmerliche Hut sitzt auf der kleinen Frisur, als habe ihn ein Wind von ungefähr dorthin geweht.

Und dies bedauerliche Wesen schaut zu ihrem Mann auf, als erwarte sie jeden Augenblick aus seinem Munde das Evangelium. Sie ist ihm so dankbar, dass sie seine Frau sein darf. Mittags isst sie gewiss kein Fleisch, damit er satt wird.

Er, der Gatte, hat sich weit im Stuhl zurückgeworfen und genießt den Duft einer Zigarette. Zuweilen putzt er ohne ersichtlichen Grund seinen Kneifer. Die Frau verfolgt jede seiner Bewegungen. Manchmal erzählt sie ihm etwas. Dann nickt er kurz. –

Plötzlich setzt er sich steif auf. Mit großen Augen starrt er unverwandt in eine Ecke des Raumes. Die Frau folgt seinem erregten

Blick und bemerkt, dass er eine elegante Dame beobachtet. Jung und rosig und nachlässig hockt sie in einem Fauteuil, raucht Zigaretten und blättert uninteressiert in einem Journal. – Einen Augenblick lang – nur einen Augenblick lang – verzerrt sich das schmale, ärmliche Gesicht der Frau, als wolle sie um Hilfe schreien. –

Dann blickt sie wieder still und ängstlich vor sich hin. Der Löffel zerbröckelt den letzten Rest des Törtchens …

Der Mann sieht immer noch unverwandt nach der Dame hinüber. Da bemerkt sie ihn, er wird rot und macht eine tiefe lächerliche Verbeugung. Die Dame lächelt holdselig und blättert weiter.

Die Frau beugt sich zu ihrem Mann hin und erzählt ihm irgendetwas. Er hört nicht zu. Er nickt nicht einmal. Dann steht er auf und geht zu der Dame hinüber. Sie zeigt auf den Stuhl neben sich. – Er sitzt dankbar nieder. Sie lächeln und sprechen.

Die Frau lehnt traurig allein. Sie isst das Törtchen endgültig auf. Sie sieht hinüber. Sie sieht wieder weg. Sie sucht in ihrer Handtasche. Sie wartet. –

Plötzlich kommen die beiden auf den Tisch zu. Lachend. Plaudernd. Etwas verlegen stellt der subalterne Herr seine Gattin vor. Die Dame nickt gnädig und setzt sich in den bequemen Sessel. Sie lässt sich eine Zigarette anbieten und plaudert weiter.

Die Gattin sitzt still am Tisch. Sie wird geduldet. Hilflos starrt sie vor sich hin. Man hat Angst um sie: Sie könnte zu weinen anfangen. Sie weint nicht. Sie wagt nicht zu weinen. –

Und als sich die andere schnell verabschiedet hat, sitzen beide einander wieder stumm und töricht gegenüber. Nur dass das Stummsein zwischen ihnen ein Abgrund geworden ist. –

Als sie aufbrechen, geht sie vornweg. Fadenscheinig und mager. Der Mann blickt an ihr vorbei, als schäme er sich ihrer.

Sie werden heute Abend nicht mehr miteinander sprechen. Und sie wird vor sich hin blicken, bis sie im Bett liegt. Dann erst wird sie weinen. Ganz leise, damit er es nicht hört. –

Der Scheidebrief
Die ledige Erna Schmidt schreibt

Zwei Stunden sitz ich nun in Caffee Bauer.
Wenn Du nicht willst, dann sag es ins Gesicht.
Deswegen wird mir meine Milch nicht sauer.
Ich pfeif auf Dich, mein Schatz. Na schön, dann nicht!

Du brauchst nicht denken, dass ich Dich entbehre.
Mit dem Verkehr mit mir, das ist jetzt aus.
Auch ich hab so etwas wie eine Ehre.
Lass Dich nicht blicken, Schatz, sonst fliegst Du raus.

Da sitz ich nun und weis nicht, wovon zahlen.
Der Ober guckt schon wie ein Dedektif.
Ich wollte die Klosettfrau, Mutter Grahlen,
anpumpen. Doch das Rindvieh schlief.

Du bist der erste nicht der so verschwindet.
Das hab ich nicht an Dir verdient, mein Kind.
Du glaubst doch nicht, dass sich kein andrer findet?
Es gibt noch welche, die in Stimmung sind.

Ich hab das Grüne an aus Poppelien.
Das Loch drinn hast Du auch hineingerissen.
Du weißt es reicht mir nur bis zu den Knien.
Ich hab auch noch ein angefangnes Kissen …

Das solltest Du am heilgen Abend kriegen.
Das ist nun aus und mir auch einerlei.
Es werden öfters andre darauf liegen.
Denn was vorbei ist, Schatz, das ist vorbei.

Ich sitz allein und wippe mit die Beine.
Verschiedne Herren reflektieren stark.
Bei Licht betrachtet seit ihr alle Schweine.
Was hilft das alles? Ich brauch hundert Mark.

Ich bin nicht stolz. Auch wär das nicht am Platze.
Wenn Du was übrig hast dann schick es schnell.
Mir gegenüber feixt ein Herr mit Glatze.
Das ist der Scheff von Engelhorns Hotell.

Wenn Du mich trifst Du brauchst mich nicht zu grüßen.
Man kann nie wissen und es stört auch blos.
Seit gestern Nacht hab ich geschwollne Drüßen.
Wenn alles gut geht, ist da etwas los.

Na Schluss. Der Visawie von gegenüber
fragt ob ich wollte denn er möchte schon.
Der hat Moneten so ein alter Schieber.
Behalt Dein Geld und schlaf allein, mein Sohn.

Auch Du warst einer von die feinen Herrn.
Der Alte kommt. Er nimt mich zu sich mit.
Rutsch mir den Buckel lang und hab mich gern.
Von ganzem Herzen Deine Erna Schmidt.

Eine folgenschwere Hochzeit

Die seltsamste Hochzeit, an die ich mich erinnere, hat sich mir deswegen eingeprägt, weil sie überhaupt nicht stattfand. Und das lag nicht daran, dass der Bräutigam vorm Altar Nein gesagt hätte oder aus der Kirche geflüchtet wäre. Es lag daran, dass es gar keinen Bräutigam gab! Das Beste wird sein, wenn ich die Geschichte der Reihe nach erzähle.

Eines Tages erschien bei uns ein älteres Fräulein namens Strempel, erzählte, dass sie am kommenden Sonnabend in der St.-Pauli-Kirche getraut werden würde, und bestellte meine Mutter für acht Uhr morgens. In die Oppelstraße 27, zwei Treppen links. Zehn Köpfe müssten festlich hergerichtet werden. Die Brautkutsche und fünf Droschken seien bestellt. Das Essen liefere das Hotel Bellevue, mit einer Eisbombe zum Nachtisch und einem Servierkellner im Frack. Fräulein Strempel machte verklärte Augen und schwärmte wie ein Backfisch. Wir gratulierten ihr zu ihrem Glück, und als sie gegangen war, gratulierten wir uns. Doch wir gratulierten zu früh.

Denn als ich am Sonnabendmittag aus der Schule kam, saß meine Mutter niedergeschlagen in der Küche und hatte verweinte Augen. Sie hatte Punkt acht Uhr im Hause Oppelstraße 27, zwei Treppen links, geläutet, war verblüfft angegafft und ärgerlich abgewiesen worden. Hier wohne kein Fräulein Strempel, und niemand denke daran, mittags in der St.-Pauli-Kirche zu heiraten!

Hatte sich meine Mutter eine falsche Hausnummer gemerkt? Sie fragte in den umliegenden Läden. Sie erkundigte sich in den Nachbarhäusern. Sie klingelte an allen Türen. Sie stellte die Oppelstraße auf den Kopf. Keiner kannte Fräulein Strempel. Und niemand hatte die Absicht, sich frisieren oder gar am Mittage trauen zu lassen. Unter den Leuten, die Auskunft gaben, waren auch nette Menschen, aber so gefällig war nicht einer.

Nun saßen wir also in der Küche und wunderten uns. Dass wir angeführt worden waren, hatten wir begriffen. Doch warum hatte uns die Person beschwindelt? Warum denn nur? Sie hatte meine Mutter geschädigt. Aber wo war ihr eigner Nutzen?

Ein paar Wochen später sah ich sie wieder! Ich kam mit Kießlings Gustav aus der Schule, und sie ging an uns vorüber, ohne mich zu erkennen. Sie schien es eilig zu haben. Da war nicht viel Zeit zu verlieren! Jetzt oder nie! Rasch nahm ich den Ranzen vom Rücken, gab ihn dem Freund, flüsterte: »Bring ihn zu meiner Mutter und sag ihr, ich käme heute später!« Und schon lief ich der Person nach. Gustav starrte hinter mir drein, zuckte die Achseln und brachte brav den Schulranzen zu Kästners. »Der Erich kommt heute später«, richtete er aus. »Warum?«, fragte meine Mutter. »Keine Ahnung«, sagte Gustav.

Inzwischen spielte ich Detektiv. Da mich Fräulein Strempel, die wahrscheinlich gar nicht Strempel hieß, nicht wiedererkannt hatte, war die Sache einfach. Ich brauchte mich nicht zu verstecken. Ich brauchte mir keinen Vollbart umzuhängen. Wo hätte ich den auch so schnell hernehmen sollen? Ich musste nur aufpassen, dass ich ihr auf den Fersen blieb. Nicht einmal das war ganz leicht, denn Fräulein Strempel oder Nichtstrempel hatte große Eile und lange Beine. Wir kamen gut vorwärts.

Albertplatz, Hauptstraße, Neustädter Markt, Augustusbrücke, Schlossplatz, Georgentor, Schlossstraße, es wollte kein Ende nehmen. Und ganz plötzlich nahm es doch ein Ende. Die Person bog links in den Altmarkt ein und verschwand hinter den gläsernen Flügeltüren von Schlesinger & Co., feinste Damenkonfektion. Ich fasste mir ein Herz und folgte ihr. Was werden sollte, wusste ich nicht. Dass mich der Geschäftsführer, die Direktricen und die Verkäuferinnen musterten, war peinlich. Aber was half's? Die Person durchquerte das Erdgeschoss, Abteilung Damenmäntel. Ich auch. Sie stieg die Treppe hoch und passierte den ersten Stock, Abteilung Kostüme, und stieg die nächste Treppe hoch. Ich auch. Sie betrat den zweiten Stock, Abteilung Sommer- und Backfischkleider, ging auf einen Wandspiegel zu, schob ihn zur Seite – und verschwand! Der Spiegel schob sich, hinter ihr, wieder an den alten Fleck. Es war wie in »Tausendundeine Nacht«.

Da stand ich nun zwischen Ladentischen, Spiegeln, fahrbaren Garderoben und unbeschäftigten Verkäuferinnen und rührte mich, vor Schreck und Pflichtgefühl, nicht von der Stelle. Wenn wenigstens Kundinnen da gewesen wären und anprobiert und gekauft hätten! Aber es war ja Mittagszeit, da war man daheim und nicht bei Schlesingers! Die Verkäuferinnen begannen zu kichern. Eine von ihnen kam auf mich zu und fragte mutwillig: »Wie wär's mit einem flotten Sommerkleidchen für den jungen Herrn? Wir haben entzückende Dessins auf Lager. Darf ich Sie zum Anprobieren in die Kabine bitten?« Die anderen Mädchen lachten und hielten sich die Hand vor den Mund. Solche Gänse! Wieso war Fräulein Nichtstrempel hinter dem Spiegel verschwunden? Und wo war sie jetzt? Ich stand wie auf Kohlen. Eine Minute kann sehr lang sein. Und schon wieder näherte sich eines dieser niederträchtigen Frauenzimmer! Sie hatte ein buntes Kleid vom Bügel genommen, hielt es mir unters Kinn, kniff prüfend die Augen zusammen und sagte: »Der Ausschnitt bringt Ihre wundervolle Figur vorzüglich zur Geltung!« Die Mädchen wollten sich vor Lachen ausschütten. Ich wurde rot und wütend. Da erschien eine ältere Dame auf der Bildfläche, und die Etage wurde mäuschenstill. »Was machst denn du hier?«, fragte sie streng. Weil mir nichts Besseres einfiel, antwortete ich: »Ich suche meine Mutter.« Eines der Mädchen rief: »Von uns ist es keine!«, und das Gelächter brach von neuem los. Sogar die ältere Dame verzog das Gesicht.

In diesem Moment glitt der Wandspiegel lautlos zur Seite, und Fräulein Nichtstrempel trat heraus. Ohne Hut und Mantel. Sie strich sich übers Haar, sagte zu den anderen: »Mahlzeit allerseits!« und begab sich hinter einen der Ladentische – sie war, bei Schlesinger im zweiten Stock, Verkäuferin! Und schon war ich auf der Treppe. Ich suchte den Geschäftsführer. Hier war ein Gespräch zwischen Männern am Platze!

Nachdem sich der Geschäftsführer meine Geschichte angehört hatte, hieß er mich warten, stieg in den zweiten Stock und kehrte, nach fünf Minuten, mit Fräulein Nichtstrempel zurück. Sie war wieder in Hut und Mantel. Und sie sah durch mich hindurch, als sei ich aus Glas. »Hör gut zu!«, sagte er zu mir. »Fräulein Nitzsche geht jetzt mit dir nach Hause. Sie wird sich mit deiner Mutter einigen und deren Schaden ratenweise gutmachen. Hier ist ein Zettel mit Fräulein Nitzsches Adresse, steck ihn ein und gib ihn deiner Mutter! Sie kann mich, falls es notwendig sein sollte, jederzeit aufsuchen. Adieu!«

Die Glastüren schwangen auf und zu. Fräulein Strempel, die Nitzsche hieß, und ich standen auf dem Altmarkt. Sie bog, ohne mich eines Blickes zu würdigen, in die Schlossstraße ein, und ich folgte ihr. Es war ein schrecklicher Marsch. Ich hatte gesiegt und fühlte mich recht elend. Ich kam mir vor wie einer jener bewaffneten Soldaten, die auf dem Heller hinter den Militärgefangenen herliefen. Ich war stolz und schämte mich. Beides zu gleicher Zeit. Das gibt es.

Schlossstraße, Schlossplatz, Augustusbrücke, Neustädter Markt, Hauptstraße, Albertplatz, Königsbrücker Straße – immer ging sie, kerzengerade, vor mir her. Immer folgte ich ihr mit fünf Schritten Abstand. Noch auf der Treppe. Vor unsrer Wohnungstür drehte sie sich zur Wand. Ich klingelte dreimal. Meine Mutter stürmte zur Tür, riss sie auf und rief: »Nun möchte ich endlich wissen, warum du …« Dann merkte sie, dass ich nicht allein war und wen ich mitbrachte. »Treten Sie näher, Fräulein Strempel«, sagte sie. »Fräulein Nitzsche«, verbesserte ich.

Sie wurden sich einig. Man vereinbarte drei Monatsraten, und Fräulein Nitzsche kehrte, mit einer Bescheinigung meiner Mutter in der Handtasche, zu Schlesinger & Co. zurück. Sie verzog keine Miene. Der Schaden ließ sich verschmerzen. Und trotzdem war es eine Katastrophe. Wir erfuhren es mit der Zeit. Die Gläubiger kamen von allen Seiten. Das Hotel, die Weinhandlung, der Fuhrhalter mit der Hochzeitskutsche, der Blumenladen, ein Wäschegeschäft, alle fühlten sich geschädigt, und alle wollten einen Teil des Schadens ratenweise ersetzt haben. Und Fräulein Nitzsche zahlte ihn ab. Monatelang.

Zum Glück behielt sie ihren Posten bei Schlesinger. Denn sie war eine tüchtige Verkäuferin. Und der Geschäftsführer hatte begriffen, was ich noch nicht begreifen konnte. Ein alterndes Fräulein, das keinen Mann fand, hatte heiraten wollen, und weil sich ihr Wunsch nicht erfüllte, log sie sich die Hochzeit zusammen. Es war ein teurer Traum. Ein vergeblicher Traum. Und als sie erwacht war, bezahlte sie ihn ratenweise und wurde mit jeder Monatsrate ein Jahr älter. Manchmal begegneten wir uns auf der Straße. Wir sahen einander nicht an. Wir hatten beide recht und unrecht. Doch ich war besser dran. Denn sie bezahlte einen ausgeträumten Traum, ich aber war ein kleiner Junge.

Das Fräulein aus der Fremde

Man liest zuweilen herrliche Geschichten
von Dingen, welche nie geschahn.
Die Wirklichkeit wird selten dichten.
Und wenn sie dichtet, wird es kein Roman.

Nur manchmal kennt sie Tricks und Schliche,
die ihr normalerweise fehlen.
Und grad solch eine wunderliche
Affäre gilt's hier zu erzählen:

Ein junger Mann sah in Berlin
ein junges Mädchen. – Auf der Stelle
war er verliebt. Und sie in ihn.
Es gibt noch solche Fälle …

Er war ein Bildermaler. Also arm.
Sie seufzte tief und sprach: »Desgleichen.«
Papa verwalte in Ägypten eine Farm
und schimpfe auf die Reichen. –

Dann kauften sie ein Kleid aus Samt.
Sich ließ er, wie er war.
So gingen sie aufs Standesamt
und wurden dort ein Paar.

Anschließend liebten sie sich sehr.
Er war ein guter Ehemann
und malte keine Bilder mehr.
Er malte Wände an …

Da sprach sie eines Tags gerührt den Satz,
indessen beide dünnen Kaffee nippten:
»Papa hat etwas Geld geschickt, mein Schatz,
wir fahren gen Ägypten.«

Er starrte traurig auf den netten Scheck
und dachte: Wozu reisen?
Verhungern, selbst im Zwischendeck,
ist halb so schön, wie einmal richtig speisen …

Dann fuhren sie. Das Geld war äußerst knapp.
Sie aßen kaum, damit noch etwas bliebe.
Und ihr Gewicht nahm täglich ab.
Doch nie der beiden Liebe. –

In Kairo mussten sie ins Auto steigen.
Zwei Diener übten Knickse und Verbeugung.
Die Frau bat ihren Mann zu schweigen.
Er schwieg, doch nicht aus Überzeugung.

Man brachte sie in eine Art Palast.
Dort sprach sie weinend: »Alles dies ist mein.
Und weil du mich zur Frau genommen hast,
ist alles dies auch dein.«

Nämlich: ihr Vater war ein Milliardär.
Sie hatte ihren Mann zuvor belogen.
Doch solche Lügen wiegen wohl nicht schwer.
Zum eignen Vorteil wird man gern betrogen.

Was denkt der Leser? Ist er wohl gerührt?
Denn, wie gesagt: Die Sache ist passiert!

Lob der dritten Ehe

THOMAS *neckend:* Sprechen wir lieber von Ihrer nunmehr dritten glücklichen Ehe, verehrte Frau Landgerichtsdirektor! [...]

ILSE *geht mit fliegenden Fahnen zu dem vorgeschlagenen Thema über:* Seinem Bruder kann man es ja wohl ruhig mitten ins Gesicht sagen, ohne dass er's umgehend den Männern aller Länder verkündet, – Thomas, es ist wieder wundervoll! Schon die Kleinigkeiten! *genießerisch* Der Hut und der Mantel in der Diele ... Die Fachzeitschriften auf dem Schreibtisch ... Der blaue Zigarrenrauch unter der Lampe ... Eine tiefe Stimme, die dir das Wichtigste und Interessanteste aus der Zeitung vorliest ... Das Gurgeln, das morgens aus dem Badezimmer herüberklingt, während man am Frühstückstisch wartet und in den Garten schaut ... Das anheimelnde Licht in den Fenstern, wenn man abends vom Einkaufen heimkommt ... *breitet glücklich die Arme aus* Wie manches Jahr hab ich das entbehrt!

THOMAS *scherzend:* Und das sind erst die Kleinigkeiten!

ILSE *ernst:* Wir lieben die Kleinigkeiten viel mehr, als ihr ahnt ... Durch *sie* spüren wir in jeder Minute ... und bis in jede Pore ... dass wir nicht mehr allein sind ... *leise* Frauen sind doch so schrecklich ungern allein! *glücklich* Aber auch sonst! – Eberhard ist ein guter Mensch ... Er ist zärtlich ... heiter ... klug ... gebildet ...

76 THOMAS *neckend:* Das sind alle Männer! – Besondere Merkmale?

ILSE: Schmaler Kopf … blaue Augen … *übermütig* Kaffee *ohne* Zucker … Anzüge *zweireihig* … *kein* Keilkissen unterm Kopf … *verliebt* Und *lachen* kann er! Wenn Eberhard lacht, klirrt der Kronleuchter.

THOMAS *lacht.*

ILSE: Du findest mich hoffentlich nicht albern?

THOMAS: Aber Ilse!

ILSE: Irgendjemandem *muss* ich's doch erzählen! Wozu wäre ich denn sonst eine Frau? – Gestern Abend konnte ich nicht darüber sprechen. Erstens wegen deiner Pauline. Sie ist zwar eine bezaubernde Person. Aber wie mein dritter Mann lacht, das interessiert sie nun ganz bestimmt nicht! Und zweitens wegen des Jungen. Als *Mutter* hätte ich mich bei ihm mit solchem Gefasel auf Lebenszeit unmöglich gemacht …

THOMAS: Schön und gut, – aber warum habt ihr ihm eigentlich eure Vermählung im November nicht ordnungsgemäß angezeigt?

ILSE: Ich hab mich geniert … Als ich es ihm gestern in eurer Gegenwart *sagte,* ging es ziemlich glatt … Aber der Gedanke, mich daheim an den Schreibtisch zu setzen und zu beginnen: »Mein lieber Sohn! Herr Feldhammer, den Du flüchtig kennst, war so liebenswürdig, mich zu fragen, ob ich mit ihm in den Stand der Ehe treten wolle, und ich habe das verlockende Angebot auf der Stelle akzeptiert. Denn ich bin zwar die Mutter eines erwachsenen Sohnes, aber außerdem immer noch eine lebenshungrige Frau, die sich von Herzen nach einem Manne sehnt. So haben wir beschlossen, unsere beiden Einsamkeiten zusammenzugeben, und hoffen auf ein letztes, großes, gemeinsames Glück …«

schlägt mit der Hand auf den Tisch Ja, zum Donnerwetter, das kann man doch nicht seinem *Sohne* schreiben!

THOMAS *lächelnd:* Nein!

ILSE: Oder hätte ich ihm eine gedruckte Anzeige schicken sollen? »Frau Ilse Feldhammer, geschiedene Berger, verwitwete Lehmbruck, geborene Kaltenecker, und Herr Landgerichtsdirektor Dr. Eberhard Feldhammer beehren sich?« – Wäre es *so* richtiger gewesen?

THOMAS: Kaum.

ILSE: Da hast du's! – Und deshalb sagte Eberhard: »Du fährst nach den Weihnachtstagen hinüber und bescherst ihm die delikate Neuigkeit mündlich!«

THOMAS *abschließend:* Nun, die Bescherung ist ja so weit gelungen. Ich glaube, er hat sich für dich mitgefreut.

Zweimal Hochzeit

Ein siamesischer Zwilling zu sein,
ist kein Genuss.
Ständig zu zwein, niemals allein,
auch wenn man mal muss …

Zwei Körper, ach!, in einer Haut.
Gott ist kein Kavalier.
Und wird mal so ein Paar getraut,
traut man gleich vier.

In Manila, so wird uns erzählt,
hat sich ein Paar
solcher Zwillinge kürzlich vermählt.
Die Sache ist wahr.

Der Külz von Manila machte Skandal.
Und fand, das sei,
unterm Gesichtspunkt der Moral,
eine Schweinerei.

Er fand: ein doppeltes Doppelbett
gehe zu weit.
Und zieh das geplante Ehequartett
der Vierschläfrigkeit.

Er stellte sich alles plastisch vor.
Ich könnte das nie!
Er war ein Mann mit wenig Humor
und viel Phantasie.

Gott schuf die Beine, den Kopf und den Bauch
in seiner Huld,
und die siamesischen Zwillinge auch!
Er ist dran schuld.

Jetzt haben die vier, trotz Külzens Nein,
die Trauung erreicht.
Ein siamesischer Zwilling zu sein,
ist aber trotzdem nicht leicht.

Die Liebe auf den ersten Blick

Als Hagedorn erwachte, waren Schulze und Kesselhuth verschwunden. Aber an einem der kleinen Tische, nicht weit von ihm, saß Frau von Mallebré und trank Kaffee. »Ich habe Sie beobachtet, Herr Doktor«, sagte sie. »Sie haben Talent zum Schlafen!«

»Das will ich meinen!«, gab er stolz zur Antwort. »Habe ich geschnarcht?«

Sie verneinte und lud ihn zu einer Tasse Kaffee ein. Er setzte sich zu ihr. Sie sprachen zunächst über das Hotel und die Alpen und über das Reisen. Dann sagte sie: »Ich habe das Gefühl, mich bei Ihnen entschuldigen zu müssen, dass ich eine so oberflächliche Frau bin. Ja, ja, ich bin oberflächlich. Es stimmt leider. Aber ich war nicht immer so. Mein Wesen wird jeweils von dem Manne bestimmt, mit dem ich zusammenlebe. Das ist bei vielen Frauen so. Wir passen uns an. Mein erster Mann war Biologe. Damals war ich sehr gebildet. Mein zweiter Mann war Rennfahrer, und in diesen zwei Jahren habe ich mich nur für Autos interessiert. Ich glaube, wenn ich mich in einen Turner verliebte, würde ich die Riesenwelle können.«

»Hoffentlich heiraten Sie niemals einen Feuerschlucker«, meinte Hagedorn. »Überdies soll es Männer geben, denen das Anpassungsbedürfnis der Frau auf die Nerven geht.«

»Es gibt überhaupt nur solche Männer«, sagte sie. »Aber ein, zwei Jahre lang findet es jeder reizend.« Sie machte eine Kunstpause. Dann fuhr sie fort: »Ich habe große Angst, dass meine Oberflächlichkeit chronisch wird. Aber ohne fremde Hilfe finde ich nicht heraus.«

»Wenn ich Sie richtig verstehe, halten Sie mich für einen besonders energischen und wertvollen Menschen.«

»Sie verstehen mich richtig«, erwiderte sie und sah ihn zärtlich an.

»Ihre Ansicht ehrt mich«, sagte er. »Aber ich bin doch schließlich kein Gesundbeter, gnädige Frau!«

»Das ist falsch ausgedrückt«, meinte sie leise. »Ich will doch nicht mit Ihnen beten!«

Er stand auf. »Ich muss leider fort und meine Bekannten suchen. Wir werden das Gespräch ein andermal fortsetzen.«

Sie gab ihm die Hand. Ihre Augen blickten verschleiert. »Schade, dass Sie schon gehen, lieber Doktor. Ich habe sehr großes Vertrauen zu Ihnen.«

Am nächsten Nachmittag geschah etwas Außergewöhnliches: Hagedorn verliebte sich! Er tat dies im Hotelautobus, der neue Gäste vom Bahnhof brachte und den er, von einem kleinen Ausflug kommend, unterwegs bestieg. Einer der Passagiere war ein junges, herzhaftes Mädchen. Sie hatte eine besonders geradlinige Art, die Menschen anzuschauen. (Womit nicht nur gesagt werden soll, dass sie nicht schielte.) Neben ihr saß eine dicke, verstört gutmütige Frau, die von dem Mädchen »Tante Julchen« genannt wurde.

Hagedorn hätte Tante Julchens Nichte stundenlang anstarren können. Außerdem wurde er das Gefühl nicht los, das junge Mädchen schon einmal gesehen zu haben. Tante Julchen war ziemlich umständlich. Dass die Koffer auf dem Autobus verstaut worden waren, beschäftigte ihr Innenleben aufs lebhafteste. Bei jeder Kurve griff sie sich ans Herz und jammerte vor Schreck. Außerdem war ihr kein Berg zu niedrig – sie wollte seinen Vor- und Zunamen wissen. Hagedorn machte sich nützlich und log zusammen, was ihm gerade einfiel. Einige Fahrgäste, welche die Gegend von früher her zu kennen schienen, musterten ihn misstrauisch. Sie nahmen ihm seine frei erfundene Geographie ein bisschen übel.

Tante Julchen hingegen sagte: »Vielen Dank, mein Herr. Man kommt sich sonst vor wie in einer fremden Stadt bei Nacht. Jede Straße heißt anders, aber man kann die Schilder nicht lesen. Dabei war ich noch nie in den Alpen.«

Das junge Mädchen sah ihn, um Nachsicht bittend, an, und dieser Blick gab ihm den Rest. Er lächelte blöde, hätte sich ohrfeigen können und erwog den Plan, aufzustehen und während der Fahrt abzuspringen. Er blieb natürlich sitzen.

Vorm Hotel half er den beiden beim Aussteigen. Und da Tante Julchen das Abladen der Koffer aufs strengste überwachte, waren das junge Mädchen und er plötzlich allein. »Das ist aber ein schöner Schneemann«, rief sie.

»Gefällt er Ihnen?«, fragte er stolz. »Den haben Eduard und ich errichtet. Und ein Bekannter, der eine große Schiffahrtslinie besitzt. Eduard ist mein Freund.«

»Aha!«, sagte sie.

»Er hat leider seit gestern abgenommen.«

»Der Besitzer der Schiffahrtslinie oder Ihr Freund Eduard?«

»Der Schneemann«, erwiderte er. »Weil die Sonne so sehr schien.« 83

Sie betrachteten den Schneemann und schwiegen verlegen. »Wir haben ihn Kasimir getauft«, erklärte er später. »Er hat nämlich einen Eierkopf. Und in solch einem Fall ist es ein wahres Glück, Kasimir zu heißen.«

Sie nickte verständnisvoll und zeigte auf die Teddybären, die neben Kasimir hockten. »Es sind Eisbären geworden. Ganz weiß. Wie nennt man das gleich?«

»Mimikry«, gab er zur Antwort.

»Ich bin so vergesslich«, sagte sie. »Was die Bildung anbelangt.«

»Werden Sie lange hierbleiben?«, fragte er.

Sie schüttelte den Kopf. »Ich muss bald wieder nach Berlin zurück.«

»Ich bin auch aus Berlin«, meinte er. »Welch ein Zufall.«

Geheimrat Tobler hielt, oben im fünften Stock, sein Nachmittagsschläfchen. In Bruckbeuren hatte er sich eigentlich, aus Hochachtung vor den Schönheiten der Natur, dieses Brauches entäußern wollen. Aber man war eben doch nicht mehr der Jüngste. Und so hatte er Johanns Heizsonne in Betrieb gesetzt, sich ins Bett gelegt und schlief. Dann aber wurde die Tür aufgerissen. Er erwachte und blickte missmutig auf. Hagedorn stand vor ihm, setzte sich aufs Bett und sagte: »Wo hast du denn die Heizsonne her, Eduard?«

»Das ist 'ne Stiftung«, bemerkte Schulze mit verschlafener Stimme. »Solltest du gekommen sein, um mich das zu fragen, so nennen wir uns wieder Sie!«

»Mensch! Schulze!«, stieß Hagedorn hervor. »Ich musste es dir sofort sagen. Ich bin verloren. Ich habe mich soeben verliebt!«

»Ach, bleib mir mit deinen albernen Weibern vom Halse«, befahl Eduard und drehte sich zur Wand. »Gute Nacht, mein Junge!«

»Sie ist kein albernes Weib«, sagte Fritz streng. »Sie ist enorm hübsch. Und gescheit! Und Humor hat sie. Und ich glaube, ich gefalle ihr auch.«

»Du bist größenwahnsinnig!«, murmelte Schulze. »Welche ist es denn? Die Mallebré oder die Circe aus Bremen?«

»Höre schon endlich mit denen auf!«, rief Hagedorn entrüstet. »Es ist doch eine ganz andere! Sie ist doch nicht verheiratet! Das wird sie doch erst sein, wenn ich ihr Mann bin! Eine Tante ist mit dabei. Die hört auf den Namen Julchen.«

Schulze war nun wach geworden. »Du bist ein Wüstling!«, sagte er. »Warte mit dem Heiraten wenigstens bis morgen! Du wirst dich doch nicht in eine Gans vergaffen, die mit einer Tante namens Julchen auf Männerfang geht! Wir werden schon wen für dich finden.«

Hagedorn stand auf. »Eduard, ich verbiete dir, in einem derartigen Ton von meiner zukünftigen Gemahlin zu sprechen. Sie ist keine Gans. Und sie fängt keine Männer. Sehe ich vielleicht wie eine gute Partie aus?«

»Gott bewahre!«, sagte Schulze. »Aber sie hat doch natürlich davon gehört, dass du ein Thronfolger bist!«

»Diesen Quatsch kann sie noch gar nicht gehört haben«, meinte der junge Mann. »Sie ist nämlich eben erst aus Berlin eingetroffen.«

»Und ich erlaube es ganz einfach nicht«, erklärte Schulze kategorisch. »Ich vertrete Mutterstelle an dir. Ich verbiete es dir. Damit basta! Ich werde dir schon eines schönen Tages die richtige Frau aussuchen.«

»Geliebter Eduard«, sagte Fritz. »Schau sie dir erst einmal an. Wenn du sie siehst, wird dir die Luft wegbleiben!«

Hagedorn setzte sich in die Halle und behielt den Lift und die Treppe im Auge. Seine erste Begeisterung wich, während er ungeduldig auf das junge Mädchen und auf die Zukunft wartete, einer tiefen Niedergeschlagenheit. Ihm war plötzlich eingefallen, dass man zum Heiraten Geld braucht und dass er keines hatte. Früher, als er Geld verdiente, war er an die verkehrten Fräuleins geraten. Und jetzt, wo er Tante Julchens Nichte liebte, war er stellungslos und wurde für einen Thronfolger gehalten!

»Sie sehen aus, als wollten Sie ins Kloster gehen«, sagte jemand hinter ihm. Er fuhr hoch. Es war Tante Julchens Nichte. Er sprang auf. Sie setzte sich und fragte: »Was ist denn mit Ihnen los?«

Er blickte sie so lange an, bis sie die Lider senkte. Er hustete und meinte dann: »Außer Herrn Kesselhuth und Eduard weiß es in dem Hotel noch kein Mensch. Ihnen muss ich es aber sagen. Man hält mich für einen Millionär oder, wie Eduard behauptet, für den Thronfolger von Albanien. Wieso, weiß ich nicht. In Wirklichkeit bin ich ein stellungsloser Akademiker.«

»Warum haben Sie denn das Missverständnis nicht aufgeklärt?«, fragte sie.

»Nicht wahr?«, meinte er. »Ich hätte es tun sollen. Ich wollte es ja auch! Ach, ich bin ein Esel! Sind Sie mir sehr böse? Eduard meinte nämlich, ich solle den Irrtum auf sich beruhen lassen. Vor allem wegen der drei siamesischen Katzen. Weil er so gern mit ihnen spielt.«

»Wer ist denn nun eigentlich dieser Eduard?«, fragte sie.

»Eduard und ich haben ein Preisausschreiben gewonnen. Dafür lassen wir uns hier gratis durchfüttern.«

»Von dem Preisausschreiben habe ich in der Zeitung gelesen«, meinte sie. »Es handelt sich um ein Ausschreiben der Toblerwerke, ja?«

Er nickte.

»Dann sind Sie Doktor Hagestolz?«

»Hagedorn«, verbesserte er. »Mein Vorname ist Fritz.«

Anschließend schwiegen sie. Dann wurde sie rot. Und dann sagte sie: »Ich heiße Hildegard.«

»Sehr angenehm«, antwortete er. »Der schönste Vorname, den ich je gehört habe!«

»Nein«, erklärte sie entschieden. »Fritz gefällt mir besser!«

»Ich meine die weiblichen Vornamen.«

Sie lächelte. »Dann sind wir uns ja einig.«

Er fasste nach ihrer Hand, ließ sie verlegen wieder los und sagte: »Das wäre wundervoll.«

Endlich trat Schulze aus dem Lift. Hagedorn nickte ihm schon von weitem zu und meinte zu Tante Julchens Nichte: »Jetzt kommt Eduard!«

Sie drehte sich nicht um.

Der junge Mann ging dem Freund entgegen und flüsterte: »Das ist sie.«

»Was du nicht sagst!«, erwiderte Schulze spöttisch. »Ich dachte, es wäre schon die Nächste.« Er trat an den Tisch. Das junge Mädchen hob den Kopf, lächelte ihm zu und meinte: »Das ist gewiss Ihr Freund Eduard, Herr Doktor. So hab ich ihn mir vorgestellt.«

Hagedorn nickte fröhlich. »Jawoll. Das ist Eduard. Ein goldnes Herz in rauer Schale. Und das ist ein gewisses Fräulein Hildegard.«

Schulze war wie vor den Kopf geschlagen und hoffte zu halluzinieren. Das Mädchen lud zum Sitzen ein. Er kam der Aufforderung, völlig geistesabwesend, nach und hätte sich beinahe neben den Stuhl gesetzt. Hagedorn lachte. »Sei nicht so albern, Fritz!«, sagte Schulze mürrisch. Aber Fritz lachte weiter: »Was hast du denn, Eduard? Du siehst wie ein Schlafwandler aus, den man laut beim Namen gerufen hat.«

»Gar kein übler Vergleich«, meinte das junge Mädchen beifällig. Sie erntete einen vernichtenden Blick von Schulze.

Hagedorn erschrak und dachte: Das kann ja heiter werden! Anschließend redete er, fast ohne Atem zu holen, über den Lumpenball und weswegen Schulze keinen Kostümpreis erhalten hätte, und über Kesselhuths erste Skistunde, und über Berlin einerseits und die Natur andererseits, und dass seine Mutter geschrieben habe, ob es in Bruckbeuren Lawinen gebe, und –

»Tu mir einen Gefallen, mein Junge«, bat Eduard. »Hole mir doch aus meinem Zimmer das Fläschchen mit den Baldriantropfen! Ja? Es steht auf dem Waschtisch. Ich habe Magenschmerzen.«

Hagedorn sprang auf, winkte dem Liftboy und fuhr nach oben.

»Sie haben Magenschmerzen?«, fragte Tante Julchens Nichte.

»Halte den Schnabel!«, befahl der Geheimrat wütend. »Bist du plötzlich übergeschnappt? Was willst du hier?« – »Ich wollte nur nachsehen, wie dir's geht, lieber Vater«, sagte Fräulein Hilde.

Der Geheimrat trommelte mit den Fingern auf der Tischplatte.

»Dein Benehmen ist beispiellos! Erst informierst du, hinter meinem Rücken, die Hoteldirektion, und vier Tage später kommst du selber angerückt!«

»Aber Papa«, entgegnete seine Tochter. »Der Anruf nützte doch nichts. Man hielt doch Herrn Hagedorn für den Millionär!«

»Woher weißt du das?«

»Er hat mir's eben erzählt.«

»Und weil er dir das eben erzählt hat, bist du vorgestern in Berlin weggefahren?«

»Das klingt tatsächlich höchst unwahrscheinlich«, meinte sie nachdenklich.

»Und seit wann hast du eine Tante, die Julchen heißt?«

»Seit heute früh, lieber Vater. Willst du sie kennenlernen? Dort kommt sie gerade!«

Tobler wandte sich um. In ihrem zweitbesten Kleid kam, dick und kordial, Frau Kunkel treppab spaziert. Sie suchte Hilde und entdeckte sie. Dann erkannte sie den violett gekleideten Mann neben ihrer Nichte, wurde blass, machte kehrt und steuerte schleunigst wieder auf die Treppe zu.

»Schaffe mir auf der Stelle diese idiotische Person herbei!«, knurrte der Geheimrat.

Hilde holte die Kunkel auf den ersten Stufen ein und schleppte sie an den Tisch. »Darf ich die Herrschaften miteinander bekannt machen?«, fragte das junge Mädchen belustigt. »Herr Schulze – Tante Julchen.«

Tobler musste sich, aus Rücksicht auf den neugierig herüberschauenden Portier, erheben. Die Kunkel reichte ihm, ängstlich und glücklich zugleich, die Hand. Er verbeugte sich förmlich, setzte sich wieder und fragte:»Bei euch piept's wohl? Was?«

»Nur bei mir, Herr Geheimrat«, erwiderte Tante Julchen. »Gott sei Dank, Sie leben noch! Aber schlecht sehen Sie aus. Na, es ist ja auch kein Wunder.«

»Ruhe!«, befahl Hilde.

Doch Frau Kunkel trat bereits aus den Ufern. »Auf Leitern klettern, die Eisbahn kehren, Kartoffeln schälen, in einer Rumpelkammer schlafen ...«

»Kartoffeln habe ich nicht geschält«, bemerkte Tobler. »Noch nicht.« [...]

Seine Tochter sah ihn an. »Papa«, sagte sie leise. »Wir hatten solche Sorge um dich. Du darfst es uns nicht übelnehmen. Wir hatten keine ruhige Minute zu Hause. Verstehst du das denn nicht? Die Kunkel und der Johann und sogar ich, wir haben dich doch lieb.«

Der Kunkel rollte aus jedem Auge je eine Träne über die knallroten Bäckchen. Sie schluchzte auf.

Geheimrat Tobler war unbehaglich zumute. »Lassen Sie die blöde Heulerei!«, brummte er. »Ihr benehmt euch ja noch kindischer als ich!«

»Ein großes Wort«, behauptete seine Tochter.

»Kurz und gut«, sagte Tobler, »ihr macht hier alles kaputt. Dass ihr's nur wisst! Ich habe einen Freund gefunden. So etwas braucht ein Mann! Und nun kommt ihr angerückt. Er stellt mich meiner eigenen Tochter vor! Kurz vorher hat er oben in meinem Zimmer erklärt, dass er dieses Mädchen unbedingt heiraten wird!«

»Welches Mädchen?«, erkundigte sich Hilde.

»Dich!«, sagte der Vater. »Wie sollen wir dem Jungen nun auseinanderposamentieren, wie sehr wir ihn beschwindelt haben? Wenn er erfährt, wer Tante Julchen und deren Nichte und der Schifffahrtslinienbesitzer Kesselhuth und sein Freund Schulze in Wirklichkeit sind, guckt er uns doch überhaupt nicht mehr an!«

»Wer will Fräulein Hildegard heiraten?«, fragte die Kunkel. Ihre Tränen waren versiegt.

»Fritz«, sagte Hilde hastig. »Ich meine, der junge Mann, der Ihnen im Autobus die Namen der Berge aufgezählt hat.«

»Aha«, bemerkte Tante Julchen. »Ein reizender Mensch. Aber Geld hat er keins.«

Am frühen Nachmittag, während die älteren Herrschaften je ein Schläfchen absolvierten, gingen Hildegard und Fritz in den Wald. Sie fassten sich bei den Händen. Sie blickten einander von Zeit zu Zeit lächelnd an. Sie blieben manchmal stehen, küssten sich und strichen einander zärtlich übers Haar. Sie spielten Haschen. Sie schwiegen meist und hätten jede Tanne umarmen mögen. Das Glück lastete auf ihren Schultern wie viele Zentner Konfekt.

Fritz meinte nachdenklich: »Eigentlich sind wir doch zwei ziemlich gescheite Lebewesen. Ich unterstelle es jedenfalls als wahr. Wie kommt es dann, dass wir uns genauso albern benehmen wie andere Liebespaare? Wir halten uns an den Händchen. Wir stolpern Arm in Arm durch die kahle Natur. Wir bissen einander am liebsten die Nasenspitzen ab. Ist das nicht idiotisch? Frollein, ich bitte um Ihre unmaßgebliche Stellungnahme!«

Hilde kreuzte die Arme vor der Brust, verneigte sich dreimal und sagte: »Erhabener Sultan, gestatte deiner sehr unwürdigen Dienerin die Bemerkung, dass die Klugheit im Liebeskonzert der Völker noch nie die erste Geige spielte.«

»Stehen Sie auf, teuerste Gräfin!«, rief er pathetisch, obwohl sie gar nicht kniete. »Stehen Sie auf! Wer so klug ist, dass er die Grenzen der Klugheit erkennt, muss belohnt werden. Ich ernenne Sie hiermit zu meiner Kammerzofe à la suite!«

Sie machte einen Hofknicks. »Ich werde sogleich vor Rührung weinen, Majestät, und bitte, in meinen Tränen baden zu dürfen.«

»Es sei!«, erklärte er königlich. »Erkälten Sie sich aber nicht!«

»Keineswegs, Meister«, sagte sie. »Die Temperatur meiner Zähren pflegt erfahrungsgemäß zwischen sechsundzwanzig und achtundzwanzig Grad Celsius zu schwanken.«

»Wohlan!«, rief er. »Und wann treten Sie Ihren Dienst an meinem Hofe an?«

»Sobald du willst«, erklärte sie. Dann begann sie plötzlich, trotz der Nagelschuhe, zu tanzen. »Es handelt sich um den sterbenden Schwan«, fügte sie erläuternd hinzu. »Ich bitte, besonders auf meinen langen Hals zu achten.«

»Tanzen Sie weiter!«, meinte er. »Ich hole Sie abends wieder ab.«

Er ging. Sie kam laut heulend hinter ihm her und gab vor, sich zu fürchten. Er nahm sie bei der Hand und sagte: »Törichtes Kind!«

»Aber der Schwan ist doch gestorben«, erklärte sie eifrig. »Und mit einem so großen toten Vogel allein im Wald – huhuhu!«

Er gab ihr einen Klaps, und dann setzten sie den Weg fort. Nach einiger Zeit wurde er ernst. »Wie viel Geld muss ich verdienen, da-

mit wir heiraten können? Bist du sehr anspruchsvoll? Was kostet
der Ring, den du am Finger hast?«

»Zweitausend Mark.«

»Ach, du grüne Neune«, rief er.

»Das ist doch schön«, meinte sie. »Den können wir versetzen!«

»Ich werde dich gleich übers Knie legen! Wir werden nicht von
dem leben, was du versetzt, sondern von dem, was ich verdiene.«

Sie stemmte die Hände in die Hüften. »Aha! Das könnte dir so
passen! Du widerwärtiger Egoist! Alle Männer sind Egoisten. Ich
habe ein Buch gelesen. Da stand es drin. ›Das Wirtschaftsgeld und
die Monogamie‹ hieß das Buch. Ihr seid ein heimtückisches, klein-
liches Geschlecht, brrr!« Sie schüttelte sich wie ein nasser Pudel.

»Vier Monate lang könnten wir von dem Ring leben! In einer Drei-
zimmerwohnung mit indirekter Beleuchtung! Zentralheizung und
Fahrstuhl inklusive! Und sonntags könnten wir miteinander zum
Fenster hinausgucken! Aber nein! Lieber stopfst du mich in eine
Konservenbüchse wie junges Gemüse. Bis ich einen grauen Bart
kriege. Ich bin aber kein junges Gemüse!«

»Doch«, wagte er zu bemerken.

»Ich schmeiße den blöden Ring in den Schnee!«, rief sie. Und sie
tat es wirklich. Anschließend krochen sie auf allen vieren im Wald
umher. Endlich fand er den Ring wieder.

»Ätsch!«, machte sie. »Nun gehört er dir!«

Er steckte ihn an ihren Finger und sagte: »Ich borge ihn dir bis auf
weiteres.« Nach einer Weile fragte er: »Du glaubst also, dass wir mit
fünfhundert Mark im Monat auskommen?«

»Na klar.«

»Und wenn ich weniger verdiene?«

»Dann kommen wir mit weniger aus«, meinte sie überzeugt. »Du darfst das Geld nicht so ernst nehmen, Fritz. Wenn alle Stränge reißen, pumpen wir meinen Vater an. Damit er weiß, wozu er auf der Welt ist.«

»Du bist wahnwitzig«, sagte er. »Du verstehst nichts von Geld. Und von Männern verstehst du noch weniger. Dein Vater könnte der Schah von Persien sein – ich nähme keinen Pfennig von ihm geschenkt.«

Sie hob sich auf die Zehenspitzen und flüsterte ihm ins Ohr: »Liebling, mein Vater ist doch aber gar nicht der Schah von Persien!«

»Da haben wir's«, sagte er. »Da siehst du wieder einmal, dass ich immer recht habe.«

»Du bist ein Dickschädel«, erwiderte sie. »Zur Strafe fällt Klein-Hildegard nunmehr in eine tiefe Ohnmacht.« Sie machte sich stocksteif, kippte in seine ausgebreiteten Arme, blinzelte vorsichtig durch die gesenkten Lider und spitzte die Lippen. (Nicht etwa, um zu pfeifen.)

Das zersägte Motorrad

Der Max hat täglich einen Tanz
mit seinem großen Bruder Franz,
weil dieser lange Goliath
ein herrliches Motorrad hat.

Das wäre schön und wäre gut
und wäre noch kein Grund zur Wut.
Doch Franz hat auch ein Fräulein Braut.
Und nächstens werden sie getraut.

Max sagt zu Franz auf Schritt und Tritt:
»Nimm mich doch, bitte, einmal mit!«
Franz nickt in solchen Fällen prompt,
bis dann die Braut dazwischenkommt.

Da fahren sie dann fort, und der
empörte Max schaut hinterher.
Er kann vor Ärger kaum noch sprechen
und denkt bei sich: Ich muss mich rächen.

Er will nicht stets der Dumme sein,
und endlich fällt ihm etwas ein.
Am nächsten Abend führt er's aus.
Der Bruder Franz ist noch im Haus.

Max schraubt und sägt, mit Ruck und Stoß,
den Beiwagen vom Rade los.
Doch macht er's so, dass jeder denkt,
dass beides noch zusammenhängt.

Dann stellt er, um was zu erleben,
sich sanft und unschuldsvoll daneben.
Er ist vergnügt, sein Herz schlägt laut.
Er freut sich so auf Franzens Braut.

Er malt sich aus, was kommen muss,
den Anfang und nachher den Schluss:
Wenn Franzens Braut zur Abfahrt treibt
und trotz der Abfahrt sitzen bleibt.

Da tritt Franz aus dem Haus und spricht:
»Max, meine Braut kommt heute nicht,
weil sie …, ich weiß nicht, was sie vorhat.
Deshalb fährst du mit mir Motorrad!«

Max hat natürlich keine Lust.
Doch denkt er: Menschenskind, du musst!,
und setzt sich, ohne viel zu sagen,
in Franzens abgesägten Wagen.

Der Franz gibt Gas. Der Krach ist groß.
Der Franz springt auf. Die Fahrt geht los.
Schon gibt es aber einen Knacks.
Der Franz fährt ab, doch ohne Max.

Dem ist es eine harte Lehre.
Was lernt er denn? Die Lehre wäre?
Wer andern schadet, sich zu nützen,
bleibt oft, auch wenn er recht hat, sitzen.

Sebastian ohne Pointe

Sebastian Stock war ein glänzender Gesellschafter; er konnte geradezu für ein Genie der Konversation gelten – solange er allein war. Er litt am Dialog. Das ist eine Manie, die als Berufskrankheit der dramatischen Schriftsteller gilt; so wie die Leinenweber und die Säurenarbeiter, die Diamantenschleifer und die Grubenpferde, die Bierbrauer und die Opernsänger die ihre haben. Und sie besteht einfach darin, dass man in Dialogen denken muss. Freilich, harmlos klingt diese knappe Beschreibung nur dem, der jenen Jammer nie erfuhr. In Wirklichkeit handelt es sich um eine Spielart des Verfolgungswahnes, der hier zwar an keine gegenständlichen Komplexe, dafür aber an eine ganz bestimmte Ausdrucksform (eben an den Dialog) gebunden ist.

Der Kranke hat, beispielsweise, eine Schneiderrechnung empfangen. Er liest eine ungewöhnlich hohe Summe, schüttelt den Kopf, beginnt im Zimmer zu wandern und unterhält sich mit dem Schneider, der – wohlgemerkt – gar nicht anwesend ist. Er macht ihm lebhafte Vorwürfe, lässt ihn (dessen Stimme er, laut oder im Geiste, nachzuahmen sucht) besorgt oder frech antworten, sinnt auf neue, treffendere Einwände, der Schneider erbost sich, der Kunde kann sich nicht länger beherrschen – der Streit ist vollkommen.

Sebastian Stock litt schmerzlicher als die meisten seiner Leidensgefährten. Denn er war erstens kein Dramatiker, und zweitens besaß er den Ehrgeiz, aus seinem geheimen Leiden ein gesellschaftlich legitimes Talent machen zu wollen. Solange er insgeheim beide Rollen – die eigene und die des Gegenübers – zugleich spielte, so lange war er Meister. Sobald der andere aber zu existieren begann, seine Stimme tatsächlich erhob und, boshafterweise, ganz anders antwortete, als er, Stock, es ihm stumm diktierte, wurde der Misserfolg bis zur Unerträglichkeit deutlich.

Materielle Schäden erwuchsen ihm aus seiner Untugend nicht. Er war der Erbe eines gut angelegten Vermögens. Nur in jenen Jahren, als das Sicherste am meisten trog, rächte sich sein Gebrechen auch einmal in dieser Weise. Man hatte ihn einem Bankdirektor empfohlen, der in der Lage war, ihm einen Posten zu verschaffen, wo er nichts verderben und einiges gewinnen konnte. Nun, diese Finanzgröße – namens Frank – lud ihn zum Abendessen ein. Beim Mokka wäre dann wohl die Petition zur Sprache gekommen … Aber Sebastian Stock ging während des Essens wieder.

Lange bevor er der Einladung Folge leisten durfte, hatte er sich das Programm seines Auftretens zurechtgelegt. Zu Frau Frank wollte er sagen (da er mit ihr bereits telefoniert hatte): »Gnädige Frau sind mir bisher leider nur akustisch begegnet«, und zu ihm, falls dieser ihm das Brot reichen würde (für den Fall wollte Sebastian schon sorgen): »Besten Dank, verehrter Brotgeber.«

Auf diese spielerischen Glossen war er stolz und erhoffte viel von ihnen. Selbstverständlich hatte er sich die dazu erforderlichen Mienen überlegt und am Spiegel geübt. Das Bonmot, das ihr galt, wollte er mit weltmännisch lässigem Lächeln würzen; und die dem Direktor zugedachte Bemerkung hoffte er durch ein Zwinkern von beziehungsreicher Dauer besonders wirksam zu gestalten.

Es kam anders. Als er die Frank'sche Wohnung betreten hatte, kam ihm eine stattlich gekleidete, würdige Dame entgegen. Er machte eine untadelige Verbeugung und sagte – mit dem geplanten weltmännisch lässigen Lächeln, das ihm freilich ein wenig einfror: »Gnädige Frau sind mir leider bisher nur akustisch begegnet.« Die Dame sah ihm skeptisch ins Auge und erklärte, die Herrschaften ließen sich für den Moment entschuldigen, und er möge sie doch im Arbeitszimmer des Herrn Direktor erwarten.

Sebastian nickte automatisch und tastete sich wie ein Blinder hinter der Hausdame her. Dann stand er fünf Minuten am Fenster eines Zimmers, das nach Leder roch, und überlegte krampfhaft: ob er den Versuch bei der rechtmäßigen Frau Frank wiederholen solle oder nicht. Er konnte sich nicht entscheiden. Aber als das Ehepaar erschien, verbiss er seine Redensart und benahm sich ungeschickt, da er nicht bei der Sache war. Man setzte sich zu Tisch. Und Sebastian bereitete den zweiten Coup vor, der ihm – das schwor er sich zu – nicht misslingen sollte. Es ist begreiflich, dass er wenig sprach, noch weniger aß und stattdessen den silbernen Brotkorb so fest anstarrte, dass es Herrn Frank auffiel.

Plötzlich schob sich also der silberne Brotkorb in Sebastians Gesichtsfeld, rückte näher und näher. Und wie aus dunkler Tiefe klang es an sein Ohr: »Lieber Herr Stock, darf ich mich, vorläufig auf diese Weise, als Brotgeber demonstrieren?«

Das war nicht eigentlich taktvoll gesprochen. Aber vielleicht trug nur Sebastians Blick die Schuld? Jedenfalls: ihn schien der Blitz getroffen zu haben. Er wurde tiefrot, hustete und vergaß vor Empörung darüber, dass er beraubt worden war, Brot zu nehmen. Frank blickte erstaunt und hielt den Korb mit engelsgleicher Geduld über den Tisch. Dann ärgerte er sich seinerseits und bemerkte doppelsinnig: »Sie lehnen ab, Herr Stock?«

Frank und Frau aßen eifriger, als es ihr Appetit guthieß – nur um ihren wunderlichen Gast nicht länger betrachten zu müssen. Sebastian begann sich selber lästig zu fallen. Er hatte Fieber und spürte, wie in ihm eine blindwütige Verlegenheit heranwuchs, der nichts und niemand standhalten würde.

Etwas musste geschehen. Seine Stimme zitterte, als spreche er ein Sterbegebet: »Gnädige Frau sind mir bisher leider nur akustisch begegnet.« Frank und Frau blickten sich an und lachten zirka drei Minuten. Sie schrie fast vor Wonne und Nervosität; und ihre Miene bat nur zuweilen und höchst unzulänglich um Entschuldigung. Ruckartig brachte sie hervor: »Ja ... unsere Hausdame ... erzählte schon davon ... es ist ... zu drollig!« Dann kreischte sie gemäßigt weiter, während sich der Gatte auf die Schenkel schlug und rief: »Menschenskind ... Aber bester Herr Stock! ... Wo haben Sie bloß den Blödsinn her?«

Sebastian erhob sich steif, murmelte irgendetwas und verließ zunächst das Speisezimmer. Dann das Haus.

Schließlich ging er auf Reisen, um die Wirkung dieses letzten Rezepts zu versuchen. Und als ihm seine rhetorische Absicht endlich einmal glückte, wurde sein ärgstes Missgeschick daraus.

Er war in einem großen Gebirgshotel abgestiegen, machte tagsüber Spaziergänge, saß abends, nach dem Diner, an einem der kleinen Hallentische und schaute den andern zu, als ob ihn ein Gitter von ihnen trenne. Er sah, wie sie tranken und tanzten, wie sie Flirts erledigten oder gar Leidenschaft mühevoll großzogen. So verging eine Woche. Und das Alleinsein fing an, ihn zu bedrängen.

Eines Abends erblickte er einen gewissen Herrn Urban, den er aus der Vaterstadt flüchtig kannte, unter den Gästen. Urban setzte sich mit seiner Tochter an einen entfernten Tisch und verlor sich hinter einer Zeitung. Sebastian schlug das Herz. Seine Sehnsucht nach Geselligkeit wurde unbezwingbar, und in seinem Kopf begannen die Redensarten zu wirbeln. Endlich wurde sein Gesicht glücklicher. Das erlösende, das außergewöhnliche Wort schien gefunden.

Als die Kapelle einen Tanz intonierte, erhob er sich und ging in jene Ecke, in der sich Urban und Tochter langweilten. Er verbeugte sich. Sie waren erfreut. Und noch ehe sie etwas hätten äußern können, blendete er sie durch ein schelmisches Lächeln, das kein Ende nahm; dann verbeugte er sich nochmals vor dem Vater und sagte mit schönem Nachdruck: »Verehrter Herr Vater, darf ich Sie um die Hand Ihres Fräulein Tochter bitten?«

Er meinte nichts weiter als: Darf ich mit ihr eine Tour tanzen? Niemand wird das bezweifeln wollen. Aber Urban – heuchelte er Unkenntnis, oder wusste er wirklich nichts über Sebastians Manie? – Holzhändler Urban stand auf, klopfte ihm kernig auf die Schulter und rief: »Bravo, bravo! Ich schwärme für angenehme Überraschungen. Bitte nehmen Sie Platz, Sie eiliger Schwiegersohn! Haha! Nun, Lenchen, was sagst du zu dieser dringenden Nachfrage?«

Lenchen Urban ordnete ihre Frisur und erklärte, ihr sei es schon recht.

Jeder vernünftige Mensch hätte das Missverständnis energisch aufgeklärt. Aber Sebastian Stock gehörte nicht zu ihnen. Und so wurde er mit einem Fräulein verheiratet, mit dem er nur hatte tanzen wollen. Seitdem geht er noch häufiger als ehedem in seinem Arbeitszimmer auf und ab. Und wenn seine Frau, Lenchen Stock, das Ohr an die Tür legt – sie tut es kaum noch –, hört sie eilige Schritte und erregtes Murmeln und greift sich an den Kopf.

Ich will einen Mann

Ich will einen Mann,
der mir und keiner sonst gehört.
Ich will keinen Mann,
den jede hübsche Frau betört.
Fänd ich diesen einen,
braucht ich weiter keinen
andern anzusehn.
Und ich bliebe neben
ihm fürs ganze Leben.
Das wär schön.
Wir bewohnten dann
zusammen unsern kleinen Bau,
und er wär mein Mann,
und ich wär seine Ehefrau.
Was die Zeit auch brächte,
Jahr und Tag und Nächte,
würden nie gestört.
Ich will einen Mann,
der mir und keiner sonst gehört.

Fräulein Hoops ist wundervoll tapfer

Der Baron blickte lächelnd den Berg hinan, den soeben eine Kavalkade von Skiläufern herabkam. Die ersten Fahrer bremsten nicht weit vom Gasthaus. Als Letzte folgte, in größerem Abstand, ein junges Mädchen, das eine lustige Kapuze trug.

Plötzlich sprang Mintzlaff in die Höhe und schrie aus Leibeskräften: »Hallo! Hallo!«

Die Skiläufer und die vor dem Wirtshaus sitzenden Gäste drehten sich hastig um. Was war denn geschehen? Warum schrie denn der Mann in einem fort »Hallo!«?

Auch das junge Mädchen hatte den Kopf gewendet. Dadurch verlor sie das Gleichgewicht und fiel jetzt, mit einem Juchzer, in den Schnee.

»Hallo!«, schrie Mintzlaff. Er wedelte dabei mit beiden Armen.

Da entdeckte ihn das Mädchen. Das vom Sturz eben noch verdutzte Gesicht leuchtete auf. Sie winkte mit den Skistöcken, strampelte sich lachend hoch und schnallte die Bretter ab.

Einer ihrer Begleiter kam zurück und fragte etwas.

Aber sie schüttelte entschieden den Kopf, gab ihm eine kurze Antwort und stapfte, während er, offensichtlich enttäuscht, weiterfuhr, auf Mintzlaff zu, der ihr mit Riesenschritten entgegenlief.

Sie pflanzte die Bretter und Stöcke in den Schnee, stellte sich, trotz der schweren Stiefel, auf die Zehenspitzen und gab Mintzlaff einen Kuss.

»So«, meinte sie dann erleichtert. »Das wäre erledigt! Gott zum Gruß, alter Junge!«

»Hallo!«, sagte er, noch völlig verblüfft. »Ich wusste ja gar nicht, dass du in Davos bist!«

»Das liegt an deiner verdammten Halbbildung«, erklärte sie. »Außerdem weile ich erst ein paar Tage in diesen Mauern. Es gefiel mir nicht in Spezia. Der Großvater war zufällig selber guter Laune, und da konnte er mich nicht gebrauchen.«

Sie war eine zierliche Person und sah, mit den dicken Wollhandschuhen und unter der drolligen Zipfelkapuze, die sie trug, am ehesten wie ein Osterhase aus.

»Bist du allein in Davos?«, fragte sie streng. »Oder hast du ein Weib bei dir?«

»Ich bin allein hier.«

»Dein Glück!« Sie hakte bei ihm unter und zog ihn zu dem kleinen Wirtshaus hinüber. »Ich gedenke, mich von dir zu irgendeiner Art Getränk invitieren zu lassen.«

»Und deine Begleiter?«

»Das junge Volk wartet an der Seilbahn, bis die Dame erscheint. Fragst du aus Mitgefühl mit ihnen, oder hast du Angst, du könntest mich nicht wieder loswerden?«

»Ich frage aus Angst«, sagte er fröhlich.

»Dann ist ja alles in Ordnung.«

Sie näherten sich dem Tisch, an dem sich jetzt Lamotte erhob und das Paar erwartete.

»Darf ich die Herrschaften miteinander bekannt machen?«, sagte Mintzlaff. »Baron Lamotte – Fräulein Sumatra Hoops.«

Lamotte ergriff die Hand des Mädchens. »Das ist also die junge Dame, die ›Hallo‹ heißt!«

Sie streifte die von einem Eishäubchen gekrönte Kapuze ab. Aschblondes Lockengekräusel kam zum Vorschein. »Alfons hat also geplaudert«, meinte sie und setzte sich.

Nun nahmen auch die Herren Platz. »Ja«, erklärte Mintzlaff. »Wir hatten zufällig ein Gespräch über Vornamen.«

»Und eines über anonyme Telegramme«, fügte der Baron hinzu.

Das junge Mädchen musterte Lamotte mit einem Blick, der, so flüchtig er schien, an Gründlichkeit wenig zu wünschen übrig ließ.

»Natürlich!«, rief Mintzlaff. »So ist es! Du hast die Depesche geschickt!«

»Ich war so frei«, sagte sie. »Als ich in Davos ankam, las ich das Plakat. Nun hattest du mich doch aber dahin informiert, dass du erst in etwa vierzehn Tagen einträfst! Ich freute mich, dich wieder einmal beim Lügen ertappt zu haben, erkundigte mich im Verkehrsverein nach deiner Adresse und trabte ins Grandhotel. Der Portier behauptete, dass du auf deinem Zimmer wärst, und setzte sich, um dir meinen holden Besuch anzukündigen, mit dem Appartement zwölf in telefonische Verbindung. Diesen Moment benutzte ich, spontan wie ich bin, und erklomm das erste Stockwerk des Hotels.«

»Jetzt wird es spannend«, vermutete Mintzlaff.

»Ich klopfte an die Tür mit der Nummer zwölf. Eine Männerstimme rief ›Herein!‹. Ich riss die Tür auf, wollte irgendeine der zwischen uns ortsüblichen unpassenden Bemerkungen machen und stand einem mir durchaus fremden Herrn gegenüber. Er war erstaunt. Trotzdem war seine Verblüffung, mit der meinen verglichen, ein Kinderspiel für Dreijährige. Gut, wir hatten uns ein paar Wochen nicht gesehen – aber dass du dich in der Zwischenzeit derartig verändert haben könntest, hielt ich von vornherein für ausgeschlossen. Er fragte nach meinem Begehr. Daraufhin fragte ich höflich, ob er auch ganz bestimmt wisse, dass er ein gewisser Herr Professor Mintzlaff sei. Er replizierte, dass es darüber gar keinen Zweifel geben könne.«

»So ein frecher Hund!«

»Ich dachte das Gleiche, versicherte ihm jedoch, wie glücklich ich sei, ihn, dessen Bücher zu verschlingen ich die Gewohnheit hätte, endlich von Angesicht zu Angesicht zu schauen. Er behauptete, von unserer Begegnung nicht minder ergriffen zu sein, und wollte wissen, ob ich allein reise. ›O nein‹, sagte ich. ›Ich bin mit meiner Großmutter unterwegs. Und die Gute glaubt, ich sei in der Klavierstunde!‹ Na ja. Und dann empfahl ich mich, ließ mir von ihm die Hand küssen und eilte hurtigen Fußes zum Telegraphenamt!«

»Warum depeschiertest du aber anonym?«

Hallo hängte die vereiste Jacke an den Fensterriegel. »Mein teurer Freund«, erklärte sie dann, »mir lag daran, dich neugierig zu stimmen. Neugierde kleidet dich so gut.« Sie wandte sich an Lamotte. »Kennen Sie Alfons näher?«

»Nein«, erwiderte der Baron bescheiden. »Leider nicht.«

»Er ist der Psalmist des seelischen Gleichgewichts«, sagte sie. »Und ich lasse seit Jahren nichts unversucht, sein Gemüt zum Schaukeln zu bringen. Aber es ist ein Versuch am untauglichen Subjekt.« Das junge Mädchen lachte. Es war kein besonders frohes Lachen. »Herr Wirt!«

Der Wirt kam. Sie bestellte ein Skiwasser. Dann fragte sie den Freund: »Wie gefällt eigentlich dir der Herr, der in deinem Namen Vorträge hält? Oder ist er dir noch gar nicht über den Weg gelaufen?«

»Doch. Gestern Nacht in der Bar.«

»Nun, und?«

»Zu meinem Leidwesen muss ich feststellen, dass er mir nicht völlig missfällt!«

»Er ist nicht der Dümmste«, sagte sie. »Und er trägt hübsche Krawatten.«

»Kannst du dir vorstellen, warum und wozu sich dieser Mensch der Mühe unterzieht, meine Rolle zu spielen?«

Hallo schüttelte den Kopf, dass die Locken flogen. »Nein. Vielleicht ist er verrückt?« Der Wirt brachte das Skiwasser, und sie trank das Glas in einem Zuge leer.

»Du kommst doch am Mittwochabend mit uns zu seinem Vortrag? Ich besorge rechtzeitig Karten. Oder hast du keine Zeit?«

»Sechs Jahre lang habe ich mir deine Vorträge mit einer wahren Lammsgeduld angehört, und nun, wo so ein Abend endlich einmal interessant und allgemeinverständlich zu werden verspricht, sollte ich keine Zeit haben?«

Mintzlaff lachte. »Was sagen Sie zu der burschikosen jungen Dame, Herr Baron?«

Lamotte blickte den anderen nachdenklich an. »Fräulein Hoops ist wundervoll tapfer.«

Hallos braune Augen wurden dunkel vor Ernsthaftigkeit. Sie sprang auf, griff nach ihrer Jacke und meinte leichthin: »So, jetzt muss sich das tapfere kleine Fräulein verabschieden! Wie ist das,

Alfons? Lädst du mich für heute Abend zu einem Whisky ein? Oder willst du lieber allein sein? Du kannst es dir überlegen. Ich wohne in der Pension Edelweiß.« Sie gab beiden Herren die Hand.

»Ich hole dich nach dem Abendessen ab«, sagte Mintzlaff. »Wundere dich übrigens nicht, wenn man dir meldet, dass dich ein Herr Doktor Jennewein in der Halle erwartet. So heiße ich bis auf weiteres.«

»Ach richtig! Und an welchen Vornamen muss ich mich bis auf weiteres gewöhnen?«

»An den schönen Namen Ludwig«, teilte der Baron mit.

Sie warf Lamotte wieder einen prüfenden Blick zu. Dann schaute sie Mintzlaff lächelnd an und sagte: »Hoffentlich wirst du nicht eifersüchtig, wenn ich dich versehentlich einmal Alfons nenne. Auf heute Abend, du Scheusal!« Sie nickte ihm zu, schnitt eine Grimasse und stapfte in den Schnee hinüber, zu ihren Brettern. Eine Minute später verschwand sie talwärts.

Mintzlaff, der an die Holzbrüstung getreten war, um hinter ihr herzuschauen, setzte sich wieder, nachdem sie seinem Gesichtskreis entschwunden war, und blickte versonnen auf die blankgescheuerte Tischplatte.

Lamotte beugte sich zu ihm und sagte leise: »Unbeschadet meiner hochgradigen Fähigkeit, Gedanken zu lesen, erscheint mir Ihr Verhalten diesem bezaubernden jungen Geschöpf gegenüber einigermaßen rätselhaft.«

Mintzlaff sah den Baron an und senkte den Kopf von neuem.

»Wir sind seit sechs Jahren befreundet. Als wir uns kennenlernten, war Hallo neunzehn Jahre alt.«

»Und heute«, meinte Lamotte, »sieht sie aus, als sei sie siebzehn. Es gibt solche mädchenhaften Frauen.«

Mintzlaff nickte. »Sie wird immer jünger. Trotz des Kummers, den sie mit mir hat.«

»Sie hätten sie heiraten sollen. Sie könnten schon zwei oder drei Kinder haben.«

»Ich wollte nicht.«

»Die gläserne Mauer war wieder einmal im Wege! Das Glück, das Ihnen bevorstand, hätte Sie zu sehr abgelenkt!«

»Sie blieb trotzdem bei mir; und sie würde immer bei mir bleiben, wenn ich sie hielte. Doch ich weiß nicht ein noch aus. Früher war ich grenzenlos in sie verliebt, ohne sie schon zu lieben. Und jetzt, da ich nicht mehr in sie verliebt bin, liebe ich sie wie mein eigenes Leben.«

»Und an Tagen, an denen Sie zufällig eine Viertelstunde übrig haben, benutzen Sie diese freie Zeit, um unglücklich zu sein. Selbstverständlich nur ein ganz klein wenig unglücklich! Weil eine stärkere Inanspruchnahme Ihres ausgewogenen Innenlebens unbekömmlich wäre!«

»Ich bin in meinen freien Viertelstunden darüber nicht unglücklich, sondern böse«, sagte Mintzlaff.

»Auf jene Instanz, die Sie Erwin nennen.«

»Jawohl! Er lässt zwei Menschen jahrelang miteinander glücklich sein, und dann stiehlt er auf einmal dem einen das Verlangen nach dem anderen! Warum tut er das? Wenn er es schon tun will oder muss – warum bestiehlt und plündert er nicht alle zwei? Zur selben Zeit? Ich finde es niederträchtig!«

»Das ist der zweite große Vorwurf, den Sie der Schöpfung machen.«

»Nicht der letzte!«

»Sie möchten drei- bis vierhundert Jahre alt werden. Mindestens so alt wie ein größerer Lindenbaum. Nun, in dieser Beziehung kann ich mich nicht beklagen. Was nun die erotische Wankelmütigkeit betrifft, so teile ich zwar diese Eigenschaft mit Ihnen, nicht aber die Abneigung davor.«

»Meine Glückwünsche!«, sagte Mintzlaff. »Sie haben es also auch erlebt, dass Sie die Frau, die Sie lieben, ins Pfefferland und sich irgendeine unterhaltsam gebaute Person, die Ihnen im Übrigen womöglich völlig gleichgültig ist, in die Arme wünschen?«

»Erlauben Sie!«, erwiderte Lamotte. »Schon oft! Sie müssen nicht vergessen, dass ich sehr viel länger lebe!«

»Und Sie haben sich deswegen noch nie geschämt?«

»Ich denke gar nicht daran!«

»Sie finden es in Ordnung?«

»Ich finde alles, was natürlich ist, in Ordnung.«

»Sind Sie verheiratet?«

Der Baron musste lachen. Er nickte lebhaft.

»Und Sie hatten nie ein schlechtes Gewissen?«

»Ich werde mich hüten! Das schlechte Gewissen ist eine ebenso christliche wie überflüssige Erfindung. Mich hat nie das Gewissen, stattdessen aber immer die Eifersucht meiner Frau gequält.«

»Die Eifersucht ist doch auch etwas Natürliches!«

»Leider. Aber selbstverständlich nur dort, wo Monogamie herrscht.«

»Ihre Lebensauffassung ist mir allzu natürlich«, meinte Mintzlaff. »Am Ende verteidigen Sie auch Raub und Mord!«

»Ich verteidige sie nicht. Aber sie sind natürlich, und die Strafe dafür ist es auch.«

»Sie halten es also mit Zenon, der einen diebischen Sklaven sagen lässt, er sei vom Schicksal zum Stehlen bestimmt, und dem darauf die Antwort zuteil wird, er sei aber auch vom Schicksal ausersehen, dafür Schläge zu bekommen.«

»Ja«, erwiderte Lamotte. »Zenon war meiner Meinung.«

»Dann lehnen Sie das ab, was man die Entwicklung der Menschheit genannt hat?«

»Sie wollen mich heute, scheint mir, dauernd zum Lachen bringen«, bemerkte der Baron. »Ich lehne die Entwicklung der Menschheit keineswegs ab. Ich werde doch nicht etwas ablehnen, was es nicht gibt. Sie sind ein Idealist, und Idealisten sind schreckliche Leute. Sie rauben, noch dazu aus Sentimentalität, nicht nur sich selber, sondern auch, was schlimmer ist, den anderen den Sinn für die ewige Wirklichkeit und stiften neue, überflüssige Schmerzen. Als ob es nicht ohnedies genügend Konflikte gäbe. Ich erinnere Sie nur an die Eifersucht meiner Frau!« Der Baron legte Geld auf den Tisch und erhob sich. »So, und jetzt mache ich mir noch ein wenig Bewegung. Die alten Knochen haben es nötig.« Er hielt dem jungen Mann die Hand hin. »Es hat nicht den geringsten Sinn, sich über mich zu ärgern!«

»Obwohl es ein ziemlich natürlicher Seelenvorgang wäre!«, sagte Mintzlaff und nahm die Hand.

»Ehe ich es vergesse«, erklärte der Baron, »am Sonnabend findet im Grandhotel ein Kostümball statt. Das kleine Fräulein Hallo und Sie sind meine Gäste. Ich sage es Ihnen heute schon, damit Sie rechtzeitig überlegen, wie Sie sich verkleiden wollen.«

»Als was werden Sie denn erscheinen?«

»Ich?« Lamotte lächelte. »Ich komme als Zeus!«

Mintzlaffs Gesicht und Blick froren ein. Er hatte sich weit vorgebeugt und starrte den anderen außer sich an.

Der Baron tat, als merke er Mintzlaffs Erschütterung nicht. Er zog die dicken Fausthandschuhe an und sagte währenddem: »Aber sprechen Sie nicht darüber!«

Dann ging er mit großen, ruhigen Schritten davon.

Nimm an, ich wäre deine Frau

PAULINE *kommt von rechts, ohne von Thomas bemerkt zu werden; sie ist schön, vollschlank, Mitte dreißig, trägt einen bestickten Kimono und kaut an einem Keks; nach einer Weile:* Huhu!

THOMAS *dreht sich lächelnd um; dann verblüfft:* Pauline – du bist noch nicht angezogen?

PAULINE *gleichmütig:* Nein. *Geht zum Tisch, hockt sich faul in einen Sessel.*

THOMAS *kommt an den Tisch, legt das Manuskriptblatt weg und schüttelt vorwurfsvoll den Kopf.*

PAULINE: Gestern Abend die Depesche! Heute früh der feierliche Einzug der Gäste! Die Taktik deiner Frau Schwester schreit zum Himmel!

THOMAS: Die beiden werden bestimmt nur ein paar Tage bleiben.

PAULINE *trocken:* Du steckst bis an die Knöchel in der Arbeit … Die knapp bemessene Freizeit verwendest du dazu, mir tief in die Augen zu sehen … Ich find mich gerade mit dem schweren Entschluss ab, dir zu einer lieben alten Gewohnheit zu werden … dir womöglich deinen nahenden Lebensabend zu versilbern und zu vergolden … Da rasseln zwei Verwandte durch den Schornstein – und schon flieg ich aus dem Haus!

THOMAS *tritt lächelnd neben ihren Sessel:* Aber du musst doch einsehen …

PAULINE *stopft ihm ein Stück Keks in den Mund:* Ich sehe gar nichts ein.

Das ist meine *Stärke!* – Deine Schwester ist immerhin zweimal geschieden …

THOMAS *verbessernd:* Ein Mal Witwe und ein Mal geschieden!

PAULINE: Jedenfalls kommt sie nicht geradenwegs aus dem Mus-Töpfchen! … Und da soll sie glauben, ihr Bruder verbringe sein Dasein als Säulenheiliger? … Oder streue sich, um nicht ganz allein zu sein, vorm Schlafengehen ein bis zwei Tüten Reißnägel ins Bett?

THOMAS *geduldig:* Nein. Aber sie bringt ihren Sohn mit. Mein Patenkind.

PAULINE: Paten*kind!* Einen ausgewachsenen Medizinstudenten! Dass die Sache mit dem Storch nicht ganz stimmt, werden ihm die Professoren hoffentlich inzwischen schonend beigebracht haben! Man mag über die Universitäten denken, wie man will, – aber *das* lässt sich ja wohl erwarten!

THOMAS *blickt lächelnd auf die Armbanduhr:* So gern ich dir zuhöre, – du *musst* dich umziehen!

PAULINE *unnachgiebig:* Nimm an, ich wäre deine Frau … Lach nicht! *eher ironisch als gekränkt* Wäre ich deine Frau, hätte dich aus Berechnung geheiratet, ertrüge deine stürmischen Liebkosungen mit sanfter Ungeduld und würfe dein Geld zum Fenster hinaus, *dann* schlösse mich deine Schwester herzlich in die Arme und fragte, ob sie uns auch ganz gewiss nicht im häuslichen Glücke störten. Da ich aber ein Junggeselle bin, dich trotz deiner Fehler gut leiden kann, dir mit dem größten Vergnügen das irdische Jammertal gärtnerisch zu verschönern trachte und meine Kleider- und Hutrechnungen selber bezahle, – deshalb gehört es sich, dass du mich, ehe sie die Schwelle dieses Hauses betritt, hinausschmeißt? Ich blicke dreimal täglich auf den Abreißkalender, um mich zu vergewissern, dass wir tatsächlich schon im zwanzigsten Jahrhundert leben!

THOMAS *küsst sie lächelnd auf die Wange:* Es steht nur auf dem Kalender, das zwanzigste Jahrhundert. Nur auf dem Papier …

Sehnsucht 2708

Buchhalter Jennewein annonciert:

Gut situierter Herr in den besten Jahren, gutaussehende elegante Erscheinung, sport- u. musikliebend, Kinderfreund, **sucht zwecks Heirat** die Bekanntschaft einer ebenso veranlagten jugendlichen u. hübschen Dame zu machen. Bedingungen: Vermögen und Veranlagung ideal. Vermittlung ausgeschlossen. Diskretion zugesichert. Offerten unter »*Sehnsucht 2708*« an die Hauptexpedition des Blattes.

Fräulein Carola Meyer meldet sich:

Geehrter Herr!
Sie warn mir gleich sympatisch,
als ich Ihr Inserad im Blatte las.
Ich sah Sie förmlich vor mir, klug und praktisch,
bei Kasse, hübsch und Anzug stets nach Maas.
Sie sind auch Keiner von die grünen Knaben.
Denn diese ärgern mich von Herzens Grund.
Mein Herr, Du kannst mich auf der Stelle haben.
Ich warte auf ein Wort aus Ihrem Mund. –
Doch nun auch über mich ein kleines Wort.
Ich wog zuletzt ~~zwei~~ einhundertfirzig Pfund,
bin niedlich, treibe Tanz- und Klettersport
und blieb auf diese Waise mordzgesund.
Mein Wuchs ist prima und 1 m 80.

Wie alt? Ich war vor Kurzem etwa 30.
Klavier spiel ich vom Blatt. Auch Singen macht sich.
Gebildet bin ich auserdem. Und fleisig.
Und hab Geschmack. Und trag nur teure Kleider.
Mein Heim ist gut möbliert und meine Welt.
Mein Herz ist sonnig und fast immer heiter.
Und seit der Inflation hab ich viel Geld.
Ich bin wie eine Blume, reif zum pflücken.
Drum nimm mich hin, Du Schelm, ich liebe Sie!
Ich möchte Ihnen Deine Zukunft schmücken.
O herrlich soll das werden. Wie noch nie.
Auf bald, Sie allerliebster Mann!
Und sehn Sie sich mal meine Wohnung an.

Eheanbahnung 1947

Immer schon waren die Berliner im Nebenberuf Sonnenanbeter. Nach dem jüngstvergangenen Winter ist das Verhältnis noch inniger geworden. Sie schreiten wie Nachtwandler durch den Sonnenschein. Blinzelnd, verzaubert, selbstvergessen. In den Vorgärten der Lokale am Kurfürstendamm sitzen sie beim Malzkaffee, mit zum Licht gewandten, verklärten Mienen. Man traut sich nicht, sie beim Namen zu rufen, aus Angst, sie könnten erwachen und vom Stuhl fallen, wie Somnambule vom Dachfirst.

Man lässt sich Zeit, wenn die Sonne scheint. Man gerät, trotz aller Hast und Unrast, ins Schlendern. Man studiert aus lauter Übermut die Litfaßsäulen. Man bleibt, am Bauzaun von Borchardt, sprich »Kempinski«, stehen und liest die Anschlaginserate der Firma *Der Ring. Internationale Eheanbahnung.* »Für alle Altersklassen glückliche Ehen.« Das hätte man sich früher auch nicht träumen lassen, dass eines Tages die »Inhaberin einer Klinik, Dr., 51 Jahre, gepflegte, kultivierte Frau aller Sportarten, mit großem Vermögen und Grundbesitz« am Kurfürstendamm und noch dazu schriftlich »Neigungsehe mit seriösem Partner« suchen werde! Oder dass ein männliches Wesen bzw. Unwesen an diesen Brettern, die nun das Glück bedeuten, plakatieren ließe: »Meine Auslandswerke und Weltpatente, mein Haus- und Grundbesitz in Deutschland (u. a. Villa am Wasser) bedeuten mir nichts ohne eine liebenswerte Gattin.« Die Passanten machen vor diesen Zetteln Station, räkeln sich in der Sonne, lächeln, witzeln, staunen. »Filmschauspielerin von interessanter Schönheit, 26/1,72, ebenso elegant und mondän wie herzenswarm und naturverbunden, natürlich und anschmiegsam, wünscht reifen, seriösen Lebenspartner, um geborgen zu sein und Glück zu schenken.« Eine kultivierte Frau aller Sportarten (na, na!), ein Villenbesitzer am Wasser, eine Filmschauspielerin, mondän und anschmiegsam …

Dabei ist das noch längst nicht alles! Das Institut hat noch eine Spezialität: »Auswanderung durch Auslandsheiraten«. Da sucht ein 27-jähriger »Ausländer, gutaussehend, kultiviert (Akademiker), unabhängig, zuverlässige Lebensgefährtin aus guter Familie, zwecks Auswanderung nach Südamerika«. Und da wünscht »Ausländerin (Orient), elegante dunkle Schönheit, 26/1,62 m, Vater höherer Staatsbeamter, in glänzenden finanziellen Verhältnissen, vielseitige Interessen (fünf Sprachen), blonden, stattlichen Akademiker, der zur sofortigen Auswanderung bereit ist, zwecks Neigungsehe auf idealer Grundlage«.

So ein Bretterzaun verträgt mehr als man denkt …

Die Verlobung auf dem Seil

Das Gebiet des Vergnügens unterteilt sich in die unschuldigen Arten und in die Unarten. Warum hier von den unartigen Möglichkeiten nicht die Rede sein soll, liegt auf der Hand – sie sind zu bekannt. Umso verdienstlicher dürfte der Hinweis auf etliche besonders artige Vergnügungsweisen sein, die viel zu wenig im Schwange und darüber hinaus außerordentlich preiswert sind.

Die meines Wissens billigste Form des aktiven Behagens ist das Ausdemfenstersehen. Mein Vater zog in jüngeren Jahren dem Ausdemfenstersehen das Aufdembahnhofstehen vor. Später gab er dann dem Ausdemfenstersehen immer unzweideutiger den Vorzug und ist bis zum heutigen Tage dabei geblieben. Gewiss, eines schickt sich nicht für alle. Das Ausdemfenstersehen mag nicht jedermanns Sache sein. Für sanft genüssliche Naturen aber wird es ein unversiegbarer Born reiner Freude bleiben. Die profunden, ausgepichten Kenner und Fachleute beschränken sich übrigens auf die Wohnungsfenster. Sie begnügen sich, als Meister in der Beschränkung, mit dem, was der Zufall und die Notwendigkeit unten auf der Straße vorüberschicken. Andere, weniger gefestigte Temperamente schätzen, im Gegensatz hierzu, das bewegliche Fenster, also den schweifenden Blick aus dem Kutschwagen, der Eisenbahn und dem Automobil. Ihre Fähigkeit des Schauens ist noch nicht so entwickelt wie bei den Anhängern des stationären Fensters. Auch auf diesem

Gebiete zeigt sich der zunehmend schädliche Einfluss der Technik auf die echten menschlichen Gaben.

Eine weitere Spielart harmloser Vergnügungen besteht im Lesen der kleinen vermischten Zeitungsnachrichten. Auch hier ließe sich von einem Fenster reden. Von einem Fenster, durch das der Lesende, hingeräkelt und in betulicher Neugierde, den Strom des Alltags mit seinen Steinpilzen, die drei Kilo wiegen, mit den zweiköpfigen Kälbern und den betrunkenen Einbrechern im Weinkeller geruhsam vorm inneren Auge vorübergleiten sieht. Diese Art stillen Vergnügens kostet freilich etwas mehr als das Ausdemfenstersehen. Und gerade jetzt, in den ersten Wochen nach der Währungsreform, wird mit gutem Grund gespart und gerechnet. Andrerseits, wer findet schon, wenn er gleich tagelang auf die Straße starrt, Gelegenheit, den Diebstahl einer Atombombe zu erleben oder von einer Trauung zu erfahren, durch die der Ehemann sein eigener Onkel wird! Ich glaube, das Geld ist gut angelegt und das Vergnügen nicht überzahlt. Ich für mein Teil möchte die vermischten Nachrichten nicht missen. Ihre Lektüre stimmt heiter. Ihre Lektüre stimmt nachdenklich. Man liest ein paar Zeilen und spinnt sie aus. Es gibt viel mühsamere Arten, sich zu unterhalten. Und kostspieligere obendrein.

Da lese ich eben in der Zeitung: »Bei der Eröffnungsvorstellung der Camilla-Mayer-Schau verlobten sich die bekannten Artisten Gisela Lenort und Siegwart Bach auf dem dreihundert Meter langen und in sechzig Meter Höhe gespannten Seil zum Turm der Dortmunder Reinoldi-Kirche.« Man sitzt, dies lesend, auf dem Balkon, lässt verblüfft das Blatt sinken, blinzelt in die Sonne und überlässt sich den Assoziationen und Gedanken, die wie kleine Wellen den

Rand des Bewusstseins bespülen. »Tüchtige junge Leute!«, denkt man beispielsweise. »Donnerwetter! Fast ein bisschen zu tüchtig, wie? Und voller Ideen. Neulich konnte man in der Wochenschau denselben Herrn Bach bewundern, wie er, damals noch unverlobt, zwischen einigen Gipfeln des Zugspitzmassivs von Deutschland nach Österreich ging. In zweitausend Meter Höhe und quer durch die leere Luft. Ich erinnere mich des Ereignisses noch genau, weil es, bei aller Sehenswürdigkeit, im Grunde meinen Ordnungssinn empfindlich verletzte. Ich vermisste auf dem Seil die Grenz- und Zollbeamten. Eine so sorglich gehütete Grenze – und nun diese Nachlässigkeit! Außerdem könnten seiltanzende Grenzer und Zöllner ganz gewiss sehr apart wirken! Sich schneidig auf dem Draht wiegend, die Pässe lässig stempelnd, in den Koffern und Balancierstangen nach verfemter Ware wühlend, schnurrbärtige Elfen, Sylphiden in Uniform, pensionsberechtigte Grenzfälle der Menschheit – der Anblick wäre den niedergedrückten Steuerzahlern wahrlich zu gönnen! Nun, es ist nichts vollkommen auf der Welt. Inzwischen macht wenigstens die Camilla-Mayer-Truppe, von Grenzen unbehindert, ihren Weg. Nächstens gehen sie nach Amerika. (Übrigens nicht per Seil.) Drüben wollen sie, was sie zwischen Ruinen und Bergspitzen gelernt haben, über den Cañons der Wolkenkratzerstraßen demonstrieren.

Zuvor haben sich also Gisela Lenort und Siegwart Bach auf dem Seile, über der Stadt Dortmund, verlobt ... Wie macht man so etwas? Wenn ich präzisieren sollte, was meiner Meinung nach eine Verlobung ist, käme eine Summe feierlicher und unfeierlicher Handlungen heraus, die ich mir, auch beim besten Willen, sechzig Meter über Dortmund, noch dazu auf dem Seil, ganz einfach nicht vorzustellen wage. Immerhin, die Zeitung meldet's; damit ist die Möglichkeit von Luftverlobungen erwiesen, und ich finde, man sollte diesen neuen Brauch, nach Einholung der Erlaubnis der Militärregierungen, gesetzlich verankern. Verlobungen, die nicht auf dem Seil stattgefunden haben, wären künftig rechtsungültig. Auf diese Weise würden viele unüberlegte Verlobungen vermieden. Eheschließungen, Hochzeitsnächte, Flitterwochen, Kindstaufen, Scheidungsprozesse, Lieferungsabschlüsse, Exportklauseln, Aufbaupläne – aufs Seil, Freunde, aufs Seil!

Es ist kein Zufall, dass der Gedanke, unsere Zukunft liege auf dem Seil in der Luft, gerade jetzt und gerade in Deutschland das Licht der modernen Welt erblickt hat. Zwischen den Ruinen Seile, zwischen den Zonen Seile, zwischen den Staaten ringsum Seile, und, auf ihnen balancierend, der neue Menschenschlag! Nietzsches leichtfüßig tänzelnden Übermenschen, da haben wir ihn! Da haben wir's! Von Zarathustra über die Camilla-Mayer-Schau zur neuen, uns gemäßen Existenzform: zum Leben auf dem Seil!«

Solche und ähnliche Gedanken plätschern leise am Rande des Bewusstseins, als es draußen klingelt. Es wird die Zeitung sein. Mit vielen neuen und kleinen vermischten Nachrichten.

Modernes Märchen

Sie waren so sehr ineinander verliebt,
Wie es das nur noch in Büchern gibt. –

Sie hatte kein Geld. Und er hatte keins.
Da machten sie Hochzeit und lachten sich eins.

Er war ohne Amt. So blieben sie arm.
Und speisten zweimal in der Woche warm.

Er nannte sie trotzdem: »Mein Schmetterling«.
Sie schenkte ihm Kinder, sooft es nur ging.

Sie wohnten möbliert und waren nie krank,
Die Kinder schliefen im Kleiderschrank …

Zu Weihnachten malten sie kurzerhand
Geschenke mit Buntstiften an die Wand.

Und aßen Brot, als wär es Konfekt,
Und spielten: wie Gänsebraten schmeckt. –

Dergleichen stärkt wohl die Phantasie …
Drum wurde der Mann, blitzblatz!, ein Genie.

Schrieb schöne Romane. Verdiente viel Geld
Und wurde der reichste Mann auf der Welt.

Erst waren sie stolz. Doch dann tat's ihnen leid,
Denn der Reichtum schadet der Heiterkeit. –

Sie schenkten das Geld einem Waisenkind.
Und wenn sie nicht gestorben sind …

Anhang

Liebe auf den ersten Blick, beiderseitige sofortige Gewissheit: Das ist der Mann bzw. die Frau meines Lebens, umgehend geplante Hochzeit und Erwartung langer glücklicher Ehejahre – welch eine wunderbare märchenhafte Utopie, die Erich Kästner in *Drei Männer im Schnee* entwirft (*Die Liebe auf den ersten Blick*) und in *Modernes Märchen* oder *Das Fräulein aus der Fremde* bedichtet. Die Wirklichkeit ist, wie wir alle nur zu gut wissen, meistens komplizierter.

Kästner selbst war nie verheiratet. In seinen jungen Jahren hatte es lange so ausgesehen, als werde er seine langjährige Freundin Ilse Julius ehelichen. Aber dann ging diese Beziehung auseinander, und Kästner schrieb sein vielleicht bekanntestes Gedicht *Sachliche Romanze*:

Als sie einander acht Jahre kannten,
und man darf sagen, sie kannten sich gut,
kam ihre Liebe plötzlich abhanden
wie andern Leuten ein Stock oder Hut ...

Danach entwickelte er sich – wie sein Alfons Mintzlaff in *Fräulein Hoops ist wundervoll tapfer* – zum großen Zauderer. Was das Heiraten betraf, baute er alle erdenklichen Hindernisse vor sich auf, vielleicht weil er sie heimlich wünschte. Das wird in den Briefen *Über Ehe, Häuslichkeit und Frauen* auch dem Briefschreiber Stefan Labude vorgeworfen. Ein Vorwurf, dem dieser ausweicht, indem er erklärt, es gehe ihm gar nicht ums Heiraten, sondern darum, eine Familie zu haben. »Die Ehe ohne Kinder hätte für mich beinahe keinen Sinn«, lässt Kästner seinen Protagonisten schreiben. Fast gleichzeitig veröffentlicht er das Gedicht *Brief an meinen Sohn* (»Ich möchte endlich einen Jungen haben … Mir fehlt nur noch die Mutter zu dem Kind«).

So vorsichtig man sein muss, Kästners Texte autobiographisch zu verstehen, so sehr lassen in diesem Fall die inhaltliche und zeitliche Nähe vermuten, dass in diesen Äußerungen ein Körnchen wahrer Kästner steckt. Als der Wunsch nach einem Jungen endlich in Erfüllung ging, zeigte Kästner sich wieder als der große Zauderer. Geund befangen in einer langjährigen Beziehung, war er außerstande, eine Entscheidung zu treffen.

Dem Skeptiker Kästner war die Verlobung auf dem Seil Sinnbild des tollkühnen Unterfangens, eine dauerhafte Paarbeziehung zu wagen. Wie schön, dass nach wie vor so viele Paare sich mutig und optimistisch aufs Seil begeben und dass dieser glückliche Optimismus in den meisten Fällen auch völlig berechtigt ist!

München, Herbst 2016
Sylvia List

Anmerkungen

Die bibliographischen Angaben nach den einzelnen Texten geben die Quelle an, der der Text entnommen wurde. Zusätzlich werden Ort und Zeit des Erstdrucks genannt. Für weitergehende Angaben siehe Johan Zonneveld, *Bibliographie Erich Kästner*, Bd. I–III, Aisthesis Verlag, Bielefeld 2011, 2443 S.

Ohne Verfassernennung aufgeführte Werke sind von Erich Kästner. Auslassungen innerhalb der ausgewählten Textpassagen sind mit Klammern […] gekennzeichnet.

Kästners Werke für Erwachsene sind in Einzelausgaben lieferbar im Atrium Verlag, die Bücher für Kinder im Dressler Verlag. Die neunbändige Werkausgabe – Erich Kästner, *Werke*. Herausgegeben von Franz Josef Görtz. Bd. I–IX – erschien 1998 im Hanser Verlag, München Zürich, die satzidentische Lizenzausgabe 2004 im Deutschen Taschenbuch Verlag, München. Dient sie als Textvorlage, erscheint in den bibliographischen Angaben die jeweilige Band- und Seitenzahl (I, S. 304 f.).

7 Heiraten oder nicht heiraten – das ist heut die Frage!

(Nach dem Amerikanischen). Erstdruck: *Beyers für Alle*, Jg. 1, Heft 9, 25.11.1926, S. 8, u.d. Pseud. Sebastian Leghé. Den Namen Sebastian Leghé hatte Kästner zwei Jahre zuvor in der Brieferzählung *Philosophie der Liebe (Die Große Welt*, Jg. 1, Heft 5, August 1924, S. 31–40, u.d. Pseud. Khasanova) für eine der dort auftretenden Personen verwendet.

10 Die Verlobungsjagd

Der Herr aus Glas, S. 90–97. Erstdruck: *Beyers für Alle*/Romanzeitung, Jg. 1, Heft 13, 23.12.1926, S. 4 f.

17 Karl der Faule

Der Herr aus Glas, S. 84–89. Erstdruck: *Berliner Zeitung am Mittag*, Jg. 49, Nr. 192, 18.7.1926, Erstes Beiblatt, S. 1.
Depesche: Telegramm.

23 Das verfahrene Leben oder Die Abschiedskussine

Der Karneval des Kaufmanns. Gesammelte Texte aus der Leipziger Zeit 1923–1927. Hrsg. von Klaus Schuhmann, Lehmstedt Verlag, Leipzig 2004, S. 151 f. Erstdruck: *Die Große Welt*, Jg. 2, Heft 13, April 1925, S. 35 f., u.d. Pseud. Philipp Seidelbast.

Steueraktuar: Beamter, der bei der Steuerbehörde die Protokolle usw. anfertigt (entspricht dem heutigen Finanzbeamten).

26 Aber das hat seine Schwierigkeiten

Interview mit dem Weihnachtsmann. Kindergeschichten für Erwachsene. Hrsg. von Franz Josef Görtz/Hans Sarkowicz, Carl Hanser Verlag, München Wien 1998, S. 68–73. Erstdruck: *Generalanzeiger für Dortmund*, Jg. 43, Nr. 75, 16.3.1930. Der hier abgedruckte Text folgt der leicht überarbeiteten Fassung, die wenige Tage später, am 20.3.1930, unter dem Pseudonym Peter Flint in *Beyers für Alle*, Jg. 4, Heft 25, erschien.
Kux: tschech.-mlat., an der Börse gehandelter Bergwerksanteil.
Seidenmantille: seidenes Umschlagtuch.
impertinent: ungehörig, unverschämt.
die Dagover: Lil Dagover, Madioen (heute Madiun, Indonesien) 1887 – München 1980. Filmschauspielerin, die zeit ihres Lebens vor allem den Typus der vornehmen, eleganten Dame verkörperte. Frühe Filme Fritz Langs (*Harakiri* 1919, *Der müde Tod* 1921) und die weibliche Hauptrolle in Robert Wienes *Das Cabinet des Dr. Caligari* (1920) machten sie bekannt. Dank ihrer Bühnenerfahrung konnte sie, im Gegensatz zu vielen Stummfilmstars, ihre

Karriere nahtlos im Tonfilm fortsetzen. Während ihrer über 60-jährigen Laufbahn drehte sie mit vielen namhaften Regisseuren wie Friedrich Wilhelm Murnau, Erik Charell, Wolfgang Liebeneiner, Hans Deppe, Josef von Báky, Maximilian Schell. Für die beste weibliche Hauptrolle in *Königliche Hoheit* (Regie: Harald Braun) erhielt sie 1954 den Bundesfilmpreis.

32 Hochzeitmachen

Erstdruck dieser Fassung: *Beyers für Alle. Kinderzeitung*, Jg. 1, Heft 1, 1.10.1926. Für seine kindlichen Leser hat Kästner den ursprünglichen Schluss durch zwei neue Strophen ersetzt. In der 1925 erschienenen Erstfassung (in: *Die Große Welt*, Jg. 2, Heft 19, Oktober 1925), die weitere – kleine – Textabweichungen aufweist und die er später in seinen Gedichtband *Lärm im Spiegel* übernahm, lauten die entsprechenden Strophen:

Dann muss man tun, als sei ein Jahr vorbei. / Deshalb hat Paul die Erna zu verhauen. / Und wenn sie schreit, dass er ein Scheusal sei, / entgegnet er: Er pfiffe auf die Frauen!

Nun stiehlt sich Erna heimlich aus dem Haus. / Und schreibt an Paul: »Es wurde mir zu viel.« / Doch damit ist das »Hoch-

zeitmachen« aus. / Denn Scheidenlassen ist kein – Kinderspiel.

35 Die minderjährige Ehe

Erstdruck: *Neue Leipziger Zeitung*, Jg. 3, Nr. 117, 29.4.1923, S. 2, u.d. Pseud. Hekubus.

Dr. Eisenbart: Johann Andreas Eisenbart (auch Eisenbarth oder Eysenbarth, 1663–1727), bedeutender Augenarzt und Handwerkschirurg seiner Zeit, der auf Grund seiner ärztlichen Leistungen und Heilerfolge von zahlreichen deutschen Landesherren mit Privilegien ausgestattet wurde. Kästners Bemerkung bezieht sich jedoch auf das zu Beginn des 19. Jahrhunderts entstandene studentische Trinklied *Ich bin der Doktor Eisenbart*, in dem Eisenbart als Kurpfuscher und unwissender Marktschreier dargestellt wird, als jemand also, der sich aufplustert und als großartiger gibt, als er ist.

39 Mutter und Kind

Herz auf Taille, I, S. 51–53. Erstdruck: *Leipziger Tageblatt, Kinderkurier*, Jg. 2, Nr. 8, 15.4.1925, S. 89, u.d. T. *Wir spielen Mutter und Kind*, ohne Untertitel und u.d. Pseud. Peter Flint.

»manchmal unter Leute gehn«: Im Erstdruck steht »abends manchmal auswärts gehn«.

42 Der kurze Besuch

Der Herr aus Glas, S. 194–198. Erstdruck: *Neue Zürcher Zeitung*, Abendausgabe 2029, 24. 11. 1936, Blatt 6.

Malvolio, Wurm: Beide, Malvolio (in Shakespeares *Was ihr wollt*) wie Wurm (in Schillers *Kabale und Liebe*), sind abgewiesene Liebhaber. Mit Malvolio hat der bedauernswerte Künzelmann überdies gemein, dass er in eine von dritter Seite (hier: von seinem Rivalen Kohlhaas) aufgestellte Falle gelaufen ist.

Pyramidon: Mittel gegen Kopfschmerzen.

47 Marionettenballade

Herz auf Taille, I, 41. Erstdruck: *Die Große Welt*, Jg. 1, Heft 2, Mai 1924, S. 70, u. d. Pseud. Khasanova. Dieses seltsame Pseudonym – irgendwo zwischen Casanova und Dschingis Khan – verwendete Kästner relativ häufig in seiner Leipziger Anfangszeit.

Böcklin: Arnold Böcklin (1827–1901), Schweizer Maler, berühmt für die leuchtkräftigen Farben seiner Bilder, die häufig Götter und Fabelwesen in südlicher Landschaft darstellen.

49 Über Ehe, Häuslichkeit und Frauen

Erstdruck der drei Folgen: *Beyers für Alle*, Jg. 5, Heft 13, 24. 12. 1930; Jg. 5, Heft 15,

8. 1. 1931; Jg. 5, Heft 17, 22. 1. 1931. Im Erstdruck lautet der Untertitel *Ein Briefwechsel zwischen Freunden*, und als Teilnehmer werden aufgezählt: Stefan Labude, Max Stein, das Publikum. Nur die hier abgedruckten, mit »Stefan Labude« bzw. »Stefan« unterzeichneten Teile dieses Briefwechsels stammen mit Sicherheit von Kästner.

Stefan Labude: Diesen Namen gab Kästner dem Freund Jakob Fabians in seinem Roman *Fabian* bzw. *Der Gang vor die Hunde*, an dem er in jener Zeit – von Herbst 1930 bis Juni 1931 – arbeitete.

»Wer weiß, ob es für ihn nicht eines Tages gelten kann«: gemeint ist hier: für ihn selber.

58 Brief an meinen Sohn

Gesang zwischen den Stühlen, I, S. 177 f. Erstdruck: *Stuttgarter Neues Tageblatt*, 4. 3. 1931, u. d. T. *Ein Brief an die Zukunft*.

Vaux und Ypern: Im Ersten Weltkrieg monatelang und verlustreich umkämpfte Orte in Frankreich und Flandern (Belgien).

61 Das Trauerspiel am Nebentisch

Erstdruck: *Leipziger Tageblatt*, Jg. 118, Nr. 93, 17. 4. 1924, S. 3. Eine ähnliche Personenkonstellation an einem ähnlichen Ort beschrieb Kästner vier Jahre später in seiner bekannten Erzählung *Verkehrt hier ein Herr Stobrawa?*.

konziliant: umgänglich.

Fauteuil: Armlehnsessel.

»Die Frau beugt sich zu ihrem Mann hin …«: Korrektur des Erstdrucks, in dem es heißt »Die Dame beugt sich zu ihrem Mann hin«. An dieser Stelle kann jedoch nur die Ehefrau gemeint sein, die im Unterschied zu der (fremden) Dame im gesamten Text sonst durchwegs als »die Frau« bezeichnet wird.

64 Der Scheidebrief
Herz auf Taille, I, S. 36–38. Erstdruck: *Der Drache,* Jg. 6, Heft 18, 3. 2. 1925, S. 18 f., u. d. Pseud. Peter Flint. Kurt Weill vertonte das Gedicht unter dem Titel *Der Abschiedsbrief.*
Poppelien: Popeline.
Visawie: Vis-à-vis, frz., gegenüber.

67 Eine folgenschwere Hochzeit
Als ich ein kleiner Junge war. Zwei folgenschwere Hochzeiten (Auszug), VII, S. 89–93. Erstdruck: *Als ich ein kleiner Junge war.* Roman, Atrium-Verlag, Zürich 1957.

73 Das Fräulein aus der Fremde
Johan Zonneveld, *Erich Kästner Raritäten. Von Leipzig nach Berlin. Erich Kästners Texte zwischen dem 1. April und dem 15. Juli 1927,* in:

Erich Kästner Jahrbuch, Bd. 7, Königshausen & Neumann, Würzburg 2012, S. 169 f. Erstdruck: *Beyers für Alle,* Jg. 1, Heft 37, 9. 6. 1927.

Zehn Tage später, am 19. 6. 1927, veröffentlichte die *Neue Leipziger Zeitung* ein von Erich Kästner erdachtes Preisausschreiben: Zu einer Folge von 6 Bildchen sollten Leser sich eine Geschichte ausdenken; den drei besten winkten als Gewinne 14-tägige Aufenthalte in großen Schweizer Hotels (in Montreux, Gstaad und Klosters). Kästners Chuzpe bestand darin, dass die Bilderfolge exakt dem Ablauf der Ereignisse in *Das Fräulein aus der Fremde* entsprach. Kästner verließ sich vermutlich darauf, dass *Beyers für Alle* und die *Neue Leipziger Zeitung* sehr unterschiedliche Leserkreise hatten. Und es war wohl auch eine kleine Rache dafür, dass man ihn – dem schon Wochen zuvor gekündigt worden war – zu diesem Preisausschreiben und dessen langwieriger Auswertung verdonnert hatte (s. die Briefe an Ida Kästner vom 22.6., 29.6., 5.7. und 6.7.1927 in *Der Karneval des Kaufmanns,* S. 437 f., 440, 443).

76 Lob der dritten Ehe
Zu treuen Händen, 3. Akt (Auszug), V,
S. 373–375. Erstdruck in Buchform: *Gesammelte Schriften*, 7 Bände. Bd. 4, Atrium-Verlag, Zürich 1958; Cecilie Dressler-Verlag,
Berlin 1958; Kiepenheuer & Witsch-Verlag, Köln 1958. Das Stück wurde am
16. 9. 1949 am Düsseldorfer Schauspielhaus uraufgeführt. Der Verfasser nannte
sich Melchior Kurtz. Das Bühnentyposkript – unter demselben Pseudonym –
war 1948 im Chronos-Verlag Martin Mörike, Hamburg, erschienen.

79 Zweimal Hochzeit
Die Montagsgedichte, Atrium Verlag, Zürich 2012, S. 138 f. Erstdruck: *Montag Morgen*, Jg. 7, Nr. 29, 22. 7. 1929, S. 12.
Külz aus Manila: Der Kolonialarzt und Tropenforscher Ludwig Külz (1875–1938) versuchte, mit medizinischen Argumenten,
die in den deutschen Kolonien politisch
erwünschte Trennung zwischen Schwarz
und Weiß als hygienisch notwendig zu
begründen. Sein Zwillingsbruder, der
liberale Politiker Wilhelm Külz (1875–
1948), war 1926/27 Reichsinnenminister
gewesen.

81 Die Liebe auf den ersten Blick
*Drei Männer im Schnee. Herrn Kesselhuths
Aufregungen* (Auszug), IV, S. 86 f.; *Die Liebe auf den ersten Blick* (gekürzt), S. 119–126;
Hoffnungen und Entwürfe (Auszug), S. 143–
145. Erstdruck: *Drei Männer im Schnee. Eine
Erzählung*, Rascher & Cie., Zürich 1934.
kordial: freundlich.

95 Das zersägte Motorrad
Arthur mit dem langen Arm, VIII, S. 14–16.
Erstdruck: *Arthur mit dem langen Arm. Ein
Bilderbuch.* Illustrationen von Walter
Trier, Williams & Co, Berlin-Grunewald
1930 (im Buch: 1931).

98 Sebastian ohne Pointe
Der Herr aus Glas, S. 78–83. Erstdruck:
Neue Leipziger Zeitung, Jg. 6, Nr. 137,
19. 5. 1926, S. 2.

104 Ich will einen Mann
Erstdruck: *Jim und Jill. Mr. Cinders.* Operette in zwei Akten von Clifford Grey und
Greatrex Newman, Musik von Vivian Ellis und Richard Myers, Musikverlag Semfa GmbH, Berlin 1930, S. 9. Die deutschen
Fassungen der Gesangnummern stammen von verschiedenen Autoren, die
Nr. 5, das Duett Jill und Jim *Ich will einen
Mann*, von Erich Kästner. Belegt ist das

durch die in den 1950er Jahren erschienene Langspielplatte *Die Kleine Freiheit. Erich Kästner als Kabarettautor in Originalaufnahmen* (Edition Berliner Musenkinder), die das Duett in der Originalbesetzung von 1930 (Grete Mosheim und Harald Paulsen) enthält und im Begleitheft ausdrücklich vermerkt: »Alle Texte stammen von Erich Kästner«.

105 Fräulein Hoops ist wundervoll tapfer

Der Zauberlehrling, 6. Kapitel (Auszug), III, S. 276–283. Erstdruck: *Gesammelte Schriften,* 7 Bände, Bd. 2, Atrium-Verlag, Zürich 1958; Cecilie Dressler-Verlag, Berlin 1958; Kiepenheuer & Witsch-Verlag, Köln 1958.

115 Nimm an, ich wäre deine Frau

Zu treuen Händen, 3. Akt (Auszug), V, S. 330–332.
Komplet: frz., Kleid mit einer Jacke aus demselben Stoff.

118 Sehnsucht 2708

Erstdruck: *Beyers für Alle,* Jg. 1, Heft 47, 18.8.1927, S. 8. In faksimilierter Handschrift, ohne Verfasserangabe.

120 Eheanbahnung 1947

Handschriftliches Manuskript im Nachlass Kästner, DLA, Marbach. Dreiseitiger Entwurf einer Lokalspitze für die Berliner Beilage der *Neuen Zeitung,* Frühjahr 1947. Auf der vierten Seite Kästners Abschriften der Heiratsanzeigen in Gabelsberger Kurzschrift.
Somnambule: Schlafwandler.
»So ein Bretterzaun verträgt mehr als man denkt«: Aus redaktionellen Gründen vom Ende des vorletzten Absatzes an den Schluss des – von Kästner nicht fertiggestellten – Textes verschoben.

122 Die Verlobung auf dem Seil

Der tägliche Kram, II, S. 168–170. Erstdruck: *Die Neue Zeitung,* Jg. 4, Nr. 60, 28.7.1948, Feuilleton- und Kunstbeilage, S. 3.
Sylphiden: weibliche Luftgeister, zarte und anmutige weibliche Wesen.
Nietzsches leichtfüßig tänzelnden Übermenschen: Anspielung auf Friedrich Nietzsches *Also sprach Zarathustra* (1885): Vorrede, Abschnitte vier (»Der Mensch ist ein Seil, geknüpft zwischen Tier und Übermensch – ein Seil über einem Abgrunde«) und sechs (Seiltänzerszene).

126 Modernes Märchen

Nachlese, I, S. 238 f. Erstdruck: *Beyers für Alle,* Jg. 1, Heft 2, 16.12.1926 u. d. Pseud. Peter Flint. Der Abdruck folgt dem Zeilenfall der Erstveröffentlichung.

129 So eine Ehe ist kein Kinderspiel.

Nachwort

So eine Ehe ist kein Kinderspiel: Schlusszeile des Gedichts *Mutter und Kind,* s. S. 41.

»Die Ehe ohne Kinder hätte für mich beinahe keinen Sinn«: s. S. 56.

»Ich möchte endlich einen Jungen haben …«: s. S. 58.

Dank

Einmal mehr verdanke ich Johan Zonnevelds freundschaftlicher Unterstützung und seinem schier unerschöpflichen Archiv, dass ich auch in diesen Band eine Reihe von Texten Erich Kästners aufnehmen konnte, die bisher noch nicht in Buchform vorlagen: die Gedichte *Heiraten oder nicht heiraten – das ist heut die Frage!*, *Ich will einen Mann* und *Sehnsucht 2708*, die Erzählungen *Die minderjährige Ehe*, *Das Trauerspiel am Nebentisch* und die nicht zuletzt zeitgeschichtlich interessanten Texte *Eheanbahnung 1947* und *Über Ehe, Häuslichkeit und Frauen* von 1930/31.

Erich Kästner, 1899 in Dresden geboren, begründete gleich mit zwei seiner ersten Bücher seinen Weltruhm: *Herz auf Taille* (1928) und *Emil und die Detektive* (1929). Nach der Machtübernahme der Nationalsozialisten wurden seine Bücher verbrannt, er erhielt Publikationsverbot, sein Werk erschien nunmehr in der Schweiz beim Atrium Verlag. Erich Kästner erhielt zahlreiche literarische Auszeichnungen, u. a. den Georg-Büchner-Preis. Er starb 1974 in München.

Sylvia List arbeitete als Verlagslektorin, Redakteurin und Übersetzerin. Seit einigen Jahren ist sie Herausgeberin von Anthologien mit bekannten und unbekannten Texten Erich Kästners, u. a. *Meine Mutter zu Wasser und zu Lande, Morgen, Kinder, wird's nichts geben!, Zwischen hier und dort, Meine Katzen, Goethe und die Schrebergärtner, Interview mit dem Weihnachtsmann, Sonderbares vom Kurfürstendamm, Man schwitzt und fragt: Wann hört das auf?* und *Wer Kind bleibt, ist ein Mensch.*

Erich Kästner über sein Berlin:

Gelesen von
Rainer Strecker
1 CD. Lauflänge ca. 80 min
14,99 €[D]/15,50 €[A]
ISBN 978-3-85535-014-8

»Im Osten regiert das Verbrechen, im Zentrum die Gaunerei, im Norden das Elend, im Westen die Unzucht und in allen Himmelsrichtungen wohnt der Untergang«, schrieb Kästner 1931 über die Metropole Berlin. Tatsächlich war Kästners Großstadterfahrung deutlich positiver und bunter. Als rasender Reporter, Nachtschwärmer und Frauenliebling war er zuverlässig immer dort anzutreffen, wo etwas los war, ob im Theater, in Tanzlokalen oder bei Ringkampf-Veranstaltungen.

»*Dieser verrückt gewordene Steinbaukasten!*«

Herausgegeben von
Sylvia List
208 Seiten. Gebunden
14,00 € [D] / 14,40 € [A]
ISBN 978-3-85535-413-9

Erich Kästners Berlin – ein herrliches Leseerlebnis und eine Liebeserklärung an die große Stadt und ihre bisweilen sonderbaren Bewohner.

ATRIUM
Der Erich Kästner Verlag